KB123171

그래서 저는
내추럴 와인이
재미있습니다

그래서 저는 내추럴 와인이 재미있습니다

장경진

경험들

piper
press

어려워서
재미있는 와인

저는 하는 일이 많은 편입니다. 와인 관련 컨설팅 업무 외에 칵테일/위스키 바 'EP', 내추럴 와인 바 'PER', 내추럴 와인 숍 '알레사'를 운영하고 있어요.

세 곳의 사업장 중 두 곳이 내추럴 와인 관련 매장이다 보니, 늘어가는 내추럴 와인과 매장에서의 경험을 기록해야 겠다고 생각했어요. 블로그에 직접 마신 와인의 사진과 생산자, 지역, 품종, 감상 등을 하나씩 정리하기 시작했는데, 그렇게 기록을 남긴 와인이 어느덧 900종을 훌쩍 넘었습니다.

2023년 현재, 매장에는 약 400여 종의 내추럴 와인을 보유하고 있습니다. 제가 처음 내추럴 와인에 관심을 가졌던 5~6년 전과 비교하면 우리나라에 수입되는 내추럴 와인이 정말 많이 늘었다는 사실을 느낍니다. 내추럴 와인에 대한 관심이 늘어났다는 방증이겠죠.

다만 내추럴 와인이 기존의 컨벤셔널 와인만큼 대중화됐다고 보긴 어려울 것 같아요. 독특한 풍미와 눈에 띄는 라벨이 관심을 끄는 건 사실이지만, 직접 내추럴 와인을 경험해본 사람이나 그 안에 담긴 스토리까지 잘 알고 있는 사람은 많지 않거든요.

저는 내추럴 와인이 잠깐 반짝했다가 시드는 유행이 아니라, 일종의 문화나 장르가 되길 바라는 마음으로 이 글을 씁니다. 내추럴 와인 판매자가 아닌 소비자 입장에서요.

내추럴 와인을 정식 기관이나 기업에서 공부한 적은 없습니다. 커리어를 주류 업계에서 시작한 것도 아니고요. 사

을지로 내추럴 와인바 PER

경험들 5 - 그래서 저는 내추럴 와인이 재미있습니다

업장을 운영하며 주류의 트렌드가 될 거라고 생각한 내추럴 와인을 경험하려고 2018년 무렵부터 일본의 유명 내추럴 와인 바를 찾아다니기 시작했습니다. 일본어를 한 마디도 하지 못해 구글 번역기에 '요즘 사람들이 많이 마시는 와인은 뭔가요?', '다른 내추럴 와인 바를 추천해주세요'라고 일일이 입력하면서 알아가기 시작했죠.

내추럴 와인은 어렵습니다. 같은 와인이라도 시간이 지나면서 맛이 달라지죠. '어느 지역의 어떤 품종 포도를 쓰면 이런 맛이 난다'고 정의하기 쉬운 일반 와인과 달리, 예상하지 못한 맛이 나올 때도 있죠. 그런데 가격은 너무 비싸고요.

그래서 저는 내추럴 와인이 재미있습니다. 언제, 어떻게 만들었는지에 따라 맛이 다르고, 대량 생산되지 않아 희소성도 높아요. 비싼 만큼 내 취향에 딱 맞는 와인을 만났을 때의 기쁨은 더 큽니다. 그동안의 제 경험을 토대로 내추럴 와인을 경험하는 여러분이 헛돈 쓰지 않으면 좋겠어요. 기회비용이 최소가 되도록 도와드릴게요.

목차

내추럴 와인:
컨벤셔널 와인과
이런 게 달라요

내추럴 와인과 컨벤셔널 와인

이제 내추럴 와인은 많은 이들에게 친숙해진 것 같아요. 자주 마시지 않거나 아직 마셔본 적 없어도 '내추럴 와인'이라는 단어는 종종 들어보셨을 겁니다. 인기 있는 내추럴 와인 바를 다녀온 지인들의 SNS 사진들이 호기심을 자극하고, 핫한 카페에서 예쁘고 개성 있는 라벨의 내추럴 와인을 진열해 두고 판매하는 경우도 많이 늘었으니까요. 내추럴 와인을 마시면 머리가 아프지 않고 다음 날 속이 편하다는 간증 같은 후일담을 전하는 사람들도 있고요.

기존 와인과 달리 이산화황이 안 들어간다는 점, 기후 위기 시대에 걸맞은 지속 가능한 와인이라는 점 등이 부각되며 이제 내추럴 와인은 유행을 넘어 일종의 교양, 인문학 영역처럼 느껴지기도 합니다. 못 본 척하고 싶어도 자꾸 보이고, 잊고 싶어도 너무나 쉬운 단어의 조합이라 자꾸 기억나는 '내추럴+와인.' 우리가 내추럴 와인을 알아야 하는 이유는 무엇일까요?

물과 공기처럼, 빛과 어둠처럼 내추럴 와인이 없으면 우리 삶이 사라지고, 생존에 위협을 받게 되어서? 당연히 대답은 'No!'예요. 물론, 내추럴 와인 생산자는 조금 다른 답을 하겠지만요. 아니면, 내추럴 와인을 모르면 유행에 뒤처지니까? 유행이라면 조금만 못 본 척, 모른 척하면 이 또한 지나가겠죠. 혹시 지구의 이상 기후와 지속 가능성 때문에 알아야 할까요? 내추럴 와인 이전의 전통 와인 때문에 환경이 파괴되었고, 지구의 이상 기후가 나타났다면 전 세계 와인 금주령을 내려야 할 거예요. 내추럴 와인이 일반 와인에 비해 숙취가 없어서 알아야 하는 것도 아닐 거예요. 술을 마시지 않으면 숙취 또한 없을 테니까요.

이쯤 되니 그럼 도대체 왜 내추럴 와인을 알아야 하느냐 답답하실 것 같아요. 지금부터 그 이야기를 해볼게요.

사실 내추럴 와인은 큰 논란거리 중 하나예요. '내추럴 natural'이라는 이름 때문이죠. 내추럴 와인이 등장하고 유행하기 전, 그동안 우리가 마시고 즐기고 사랑했던 와인들이 '내추럴'하지 않다는 인상을 주기에 충분하니까요. 마치 세상을 흑백으로 나누는 듯한 '내추럴'이라는 단어는 예전부터 와인을 즐겨온 와인 애호가들에게 그리 반가운 이름이 아니었습니다.

내추럴 와인을 알고 이해하기 전에, 기존에 우리가 마시고 즐기던 '컨벤셔널 와인'에 대해 먼저 이야기할게요. 컨벤셔널 와인을 알면 내추럴 와인에 대한 이해도 깊어질 수 있으니까요.

'컨벤셔널 conventional'이라는 단어의 사전적 의미를 찾아보면 ① 관습적이고 ② 관례적이고 ③ 극히 평범한이라는 뜻을 가지고 있어요. 우리나라에서는 아직 와인을 특별한 날에 마시는 술로 인식하는 경향이 짙지만, 와인 생산지에서 와인은 일상의 식음료에 가까워요. 이런 일상적인 와인을 생산지에서 먼 거리에 떨어져 있는 우리가 마실 수 있게 된 건 과학의 발전 때문이죠.

우유 브랜드명으로도 친숙한 유명 화학자이자 생물학자인 루이 파스퇴르Louis Pasteur가 와인을 연구하다가 발효와 부패의 원인을 발견했다는 사실, 알고 계셨나요? 그는 이런 말을 했어요.

"와인은 생명체의 바다이다. 그 일부는 와인을 있게 하고, 일부는 부패하게 한다."

'와인을 있게 하는' 건 바로 효모입니다. 효모는 당을 먹고 알코올을 만들어내는 미생물이죠. 파스퇴르의 발견 덕분에 포도가 와인으로 변하는 마법의 원인, 즉 효모를 알게 되었습니다. 이후 현대 과학 기술의 발전으로 다양한 종류의 효모가 발견됐고, 배양할 수도 있게 됐어요.

산업화를 거치며 농기계도 발전했습니다. 화학 비료의 발명으로 농업 생산량은 기하급수적으로 늘어났고, 농약이 사용되면서 수많은 병충해를 예방하게 되었어요. 이러한 농업의 발전은 밀이나 쌀 같은 곡물뿐만 아니라 와인의 재료인 포도에까지 영향을 미쳐 와인의 산업화, 대량화, 대중화로 이어졌습니다. 다양한 농약과 화학 비료를 사용해 대량의 포도를 생산하고, 효모를 배양해 와인에 넣어 발효 과정을 통제할 수 있게 됐거든요.

이 과정은 의류업계에서 SPA 의류 브랜드가 자리 잡은 과정과 많이 닮아 있습니다. SPA 브랜드의 등장으로 우리는 합리적인 가격으로 취향에 맞는 옷을 골라 입을 수 있게 됐으니까요. SPA 브랜드가 환경에 미치는 악영향을 지적하는 목소리도 많지만, 산업화된 의류와 신발을 입고 신는 것 자체가 비난받지는 않듯이, 컨벤셔널 와인을 마시고 즐기는 것도 마찬가지라고 생각해요. 자, 그럼 다시 내추럴 와인으로 돌아갈게요.

내추럴 와인을 만드는 법

사실 '내추럴 와인은 이거다!'라고 정의하기는 어려워요. 아직 사회적으로나 법적으로나 명확하게 규정되지 않았거든요. 대신 내추럴 와인 제조 과정상의 특징을 몇 가지 알려드릴게요.

① 포도의 재배 과정에서 어떠한 화학적 처리도 하지 않아요. 즉, 살충제나 제초제, 성장제 같은 약품을 사용하지 않죠.
② 포도는 사람이 손으로 직접 수확해요. 그렇다고 수확 과정에서 노동 착취 같은 비윤리적인 방법을 동원한다면 그 생산자는 비난받고, 때로는 불매 운동까지 각오해야 할 거예요.
③ 발효 과정과 와인을 병에 넣는 병입瓶入 과정에서 와인의 산화를 막는 이산화황을 첨가하지 않거나 최소한만 첨가해요.
④ 양조 시에는 인공 배양한 효모를 사용하지 않아요.

⑤ 청징제(화학적으로 침전물을 만들어 걸러내는 약품)를 사용하지 않아요.

　대략 느낌이 오시나요? 하지만 우리가 내추럴 와인이라고 부르는 와인들이 위의 조건을 모두 충족하는 것은 아닙니다. 내추럴 와인에는 확립된 인증 시스템이 없거든요. 그래서 내추럴 와인 생산자들을 중심으로 그들이 어떤 가치를 추구하는지를 보는 것이 더 의미 있을 듯합니다.

　프랑스 남부 론Rhone의 아르데슈Ardeche 지역에는 「르 마젤 Le Mazel」이라는 와이너리가 있습니다. 이곳을 운영하는 제라르 오스트릭Gérald Oustric은 많은 제자를 길러 낸 농부이자 양조가, 양조 선생님이에요. 그는 해마다 변하는 자연 환경을 중요하게 생각합니다. 매해 수확물이 그 한 해의 기후와 자연 환경을 표현한다고 생각하거든요. 그래서 그는 이렇게 말해요.

　"포도는 어머니이고 테루아terroir, 포도밭는 아버지이며 빈티지vintage, 생산 연도는 와인의 운명이다."

　한편 내추럴 와인의 살아 있는 전설이자, 최고의 내추럴 와인을 만들기 위해 여전히 은퇴하지 않고 한 가지 포도 품종만 길러 와인을 만들고 있는 올리비에 꾸장Olivier Cousin은 그 이름만큼이나 눈빛까지 꼬장꼬장한 생산자입니다. 그는 정부의 와인 생산 규제에 맞서 싸운 것으로도 유명한데, 그의 와인 라벨에는 20년째 이런 문구가 적혀 있어요.

　"인간에게도 지구에게도 해를 끼치지 않고 생산한다

(Produire sans nuire ni aux hommes ni a la terre)."

내추럴 와인의 특별함, 효모

솔직히 저는 내추럴 와인 자체가 특별하다고 생각하지 않아요. 물론, 내추럴 와인 생산자에게 본인이 만든 와인은 세상 어느 와인보다 특별한 존재겠지만요.

다만 내추럴 와인은 충분히 개성 있고 매력적인 존재예요. 특히 힘들게 일해서 번 돈으로 나에게 주는 선물로 사서 마신다면 더 그렇겠죠. 마치 각자의 개성과 취향을 온전하게 표현한 디자이너 브랜드의 옷, 신발, 장신구처럼요. 디자이너 브랜드의 제품이 꼭 실용적인 건 아니에요. 가성비가 좋지 않을 때도 있고, 모든 제품이 내구력이 좋아 평생 사용할 수 있는 것도 아니죠. 그럼에도 불구하고 사람들은 자신들이 좋아하는 디자이너 브랜드의 제품을 구매하고 사랑에 빠집니다.

내추럴 와인에 특별한 점이 있다면, 파스퇴르가 발견한 자연 효모예요. 우리가 편의점과 마트에 가면 언제든 손쉽게 구입할 수 있는 컨벤셔널 와인은 대부분 대량 생산을 위해 제초제와 살충제를 사용하고 기계로 수확해요.

제초제와 살충제를 사용하면 미생물인 효모가 부족해져서 인공 배양한 효모로 와인을 만들 수밖에 없죠. 인공적으로 배양한 효모라고 모두 똑같은 건 아니고, 맛과 향과 목적에 따라 종류가 다양해요. 그래서 목적에 맞는 와인을 만들

올리비에 꾸장의 와인

경험들 5 - 그래서 저는 내추럴 와인이 재미있습니다

게 되죠. 물론 이 과정이 잘못된 것은 아니지만, 와인의 생산지 그리고 생산자의 개성은 사라지게 됩니다.

원래 모든 포도의 껍질에는 그 포도의 달콤함을 사랑하는 그 지역의 효모가 붙어살아요. 그래서 품종의 맛, 지역의 맛, 생산자의 맛이 다를 수밖에 없고요. 하지만 인공 배양된 효모는 이를 표현하지 못하죠.

내추럴 와인은 지역과 품종 그리고 생산자의 개성이 뚜렷해서 재미있어요. 획일적이지 않은 다양함에서 오는 개성이 매력이랄까요?

2

브렛:
시큼하고 쿰쿰한 향미?
오히려 좋아!

시큼, 쿰쿰, 펑키

'내추럴 와인은 이런 맛이에요'라고 한 번에 설명하기란 어려워요. 지역과 포도 품종, 그리고 와인 생산자의 개성과 추구하는 방향성에 따라 다양한 와인이 존재하고, 제각각 모두 맛과 향이 다르죠. 와인 셀러에서 묵히면 맛이 달라지거나 마시기 좋게 풍미가 변하는 와인도 있어요.

너무 다양해서 어렵다고요? 와인을 공부하고 다양한 맛을 소비자가 이해하기 쉽게 설명하는 것은 판매하는 사람과 수입하는 사람이 하는 일이에요. 여러분은 어렵게 생각하지 말고 와인을 즐기면 돼요.

이번엔 컨벤셔널 와인과는 다른, 몇 가지 내추럴 와인의 맛에 대해서 이야기해볼게요. 대개 내추럴 와인은 시큼하다고 생각하는 분들이 많은데요, 그 이유가 뭘까요? 와인을 숙성시키는 효모는 달콤한 당을 먹고 알코올을 만드는데, 산도에 취약하다는 특징이 있어요. 산도는 공기에 노출될수록 높아지는데요. 와인은 발효 과정에서 공기에 노출됩니다. 그래서 일반적인 와인을 만들 땐 인공 배양 효모와 이산화황 같은 첨가제를 넣어 와인의 숙성도와 산도를 일정 수준으로 유지해요.

반면 포도 자체의 효모만을 이용하고 이산화황을 넣지 않는 내추럴 와인의 경우, 산화를 조절하는 게 까다로워요. 발효가 진행되는 동안 산도, 알코올 농도 그리고 와인에 남은 달콤함(당)의 비율을 아주 세밀하게 조절해야 하니까요.

인공 배양 효모와 첨가제로 산도를 조절한 컨벤셔널 와인과 비교했을 때, 내추럴 와인이 시큼하다고 느껴지는 경우가 많을 수밖에 없죠.

쿰쿰한 향이 나는 내추럴 와인도 있어요. 살충제나 인공 배양한 효모를 사용하지 않은 와인은 '브렛brett'이라는 냄새가 날 수 있거든요. 컨벤셔널 와인에서 브렛은 마굿간 냄새, 젖은 안장 냄새 등으로 부르며 불쾌하게 여기는 향이지만, 내추럴 와인 생산자는 쿰쿰한 향을 풍기는 효모를 지역과 자신의 포도밭의 특성, 즉 테루아로 여기기도 해요.

내추럴 와인 또는 고가의 와인에서 이야기하는 테루아라는 개념은 단번에 이해하기 어려울 수 있는데요, 간단하게 이야기하면 포도가 자라는 땅에서 발생하는 모든 일을 가리켜요. 테루아는 본래 '지구'를 나타내는 프랑스어에서 파생된 단어로, 특정 연도에만 나타나는 독특하면서도 다른 땅에서는 표현할 수 없는 요소들(식물, 동물, 기후, 지질, 흙, 지형 등)의 조합을 말합니다. 바닷가 근처에서 만든 와인과 높은 산악 지역에서 만든 와인을 비교해서 마시면 서로 다른 지역의 특색과 매력이 드러나죠.

내추럴 와인의 쿰쿰한 향은 양조장 청소를 게으르게 해서 나는 나쁜 향이 아니에요. 그들은 위생적이고 부지런하며 성실한, 정직한 농부들이에요. 오히려 어떤 양조가는 자연적인 방법으로 쿰쿰한 향을 만들어 내는 효모를 일부러 사용해서 와인을 만들기도 합니다. 이런 내추럴 와인의 맛이 소개되기 시작하면서 소비자의 취향 역시 다양해지고 있어요.

실제로 와인을 추천하다 보면 '쿰쿰 마니아'를 만날 수 있어요. 와인의 쿰쿰한 향을 마치 치즈의 콤콤한 고소함처럼 또 다른 매력으로 느끼는 거죠. 새콤한 혹은 시큼한 산도가 높은 와인을 좋아하는 '산미 러버'도 있고, 내추럴 와인이 기존에 마시던 와인보다 조금 더 주스 같아 좋다고 말하는 소비자도 있어요.

같은 포도로 만들지만 테루아를 표현하려고 노력하는 와인 생산자 덕분에 우리는 와인이 탄생한 지역의 맛과 풍미를 좀 더 신선하게 느낄 수 있어요. 그래서 더 '주시juicy하다'고 느껴지는 거고요.

그런가 하면 '펑키한' 맛의 내추럴 와인을 좋아하는 분들도 많아요. '펑키? 와인에 팝핑 캔디가 들어 있는 것도 아닌데 펑키?' 와인 맛을 상상하기에는 어려운 난해한 단어인데, 보통 산도가 높고, 쿰쿰한 와인을 찾으시는 분들이 많이 사용하는 표현이에요.

'펑키'란 말을 들으니 모험심이 생기시나요? 그러면 어떤 와인을 마셔야 펑키한 와인을 마셨다고 할 수 있을까요?

펑키라는 단어의 정의를 내리기는 참 어렵지만, 기존 와인의 바깥 영역을 생각하면 조금은 이해가 쉬워져요. 일반적인 와인은 '미디엄 바디의 베리류 과실향', '부드러운 탄닌감과 초콜릿 또는 바닐라', '오크의 따듯한 풍미' 등으로 맛을 표현하는데, 이러한 감각 밖에 있는 게 바로 펑키함입니다. 펑키한 와인을 맛보는 가장 쉬운 방법은 와인 숍이나 와인 바에 가서 "펑키한 와인 추천해 주세요."라고 요청하는 거예요. 조금 더 내추럴 와인 마니아 같은 표현이라고 할 수 있어요.

펑키한 와인의 대표, 브루탈

만약 더 깊이 있는 이야기를 시작하고 싶으시다면 '브루탈Brutal 와인 있나요?'라고 물으셔도 좋습니다. 와인을 만든 국가, 양조한 사람, 사용한 포도 종류, 라벨 등이 모두 다 달라도 브루탈이라는 같은 이름을 사용하는 와인들이 있거든요.

브루탈을 이야기하려면, 이미 전 세계에 많은 팬을 보유하고 있는 와이너리인 「라 소르가La Sorga」를 먼저 살펴봐야 합니다. 「라 소르가」라는 이름은 프랑스 남부 지역인 옥시타니의 방언에서 착안해 지었다고 해요. 프랑스어로 'La Source', 샘이라는 뜻이에요. 「라 소르가」의 주요 활동 무대가 프랑스 남부 지역인 랑그도크루시용Languedoc-Roussillon임을 생각하면 고개가 끄덕여지죠. 랑그도크루시용에서 열정과 재능으로 와인을 샘솟게 만드는 「라 소르가」라니, 작명 센스가 좋아요.

「라 소르가」 와인을 만들고 있는 메이커의 이름은 앙토니 토틸Antony Tortul이에요. 히피처럼 부스스한 장발을 질끈 묶고, 덥수룩하게 기른 수염에 눈빛이 번쩍이는 다소 파격적

② 브렛

「라 소르가」에서 생산하는 와인들

다양한 브루탈 와인

경험들 5 - 그래서 저는 내추럴 와인이 재미있습니다

인 외모를 갖고 있는 거장이에요.

그는 인상적이고 파격적인 와인 라벨과 독특한 와인 이름을 짓는 걸로도 유명한데, 와인 라벨과 와인 이름을 B급 영화에서 따올 때도 많다고 해요. 실제로 본인도 B급 영화의 광팬이고요. 얼굴만 보면 TV 프로그램『나는 자연인이다』에 나올 것 같기도, 괴짜 외골수 같기도 한데, 그는 화학을 전공했고 6년간 프랑스 남부 다수의 와이너리에서 경험을 쌓아 2008년부터「라 소르가」라는 이름으로 양조를 시작했어요.

처음에는 밭을 소유하지 않고 포도를 사서 와인을 만드는 '네고시앙négociant' 생산자로 시작했어요. 프랑스 랑그도크 지방의 토착 품종을 기르는 다양한 생산자의 포도를 구매해 실험적이고 파격적인 양조 방법으로 와인을 만들었죠. 그의 와인을 보면 생소한 포도 품종, 고대 품종도 다양하게 사용해요. 다른 생산자들이 블렌딩 용도로 사용하는 포도를 단독으로 써서 와인을 만들기도 하죠. 새로운 시도와 번뜩이는 창의력 그리고 위트와 센스까지 겸비한 그는 '브루탈'을 만든 창립자입니다.

그럼 이제 '브루탈'이라는 말의 뜻과 유래를 알아볼까요? 2010년,「라 소르가」의 앙토니와「멘달Mendall」의 세레스 로레아노Serres Laureano, 그리고「에스코다 사나우하Escoda Sanahuja」의 조안 라몬 에스코다Joan Ramon Escoda, 이렇게 세 명의 내추럴 와인 메이커가 만났어요. 앙토니가 만든 와인을 마신 로레아노, 조안은 계속해서 '에스 브루탈Es Brutal!'이라 외쳤다고 해요. 그 말은 카탈루냐어 감탄사로, 영어로 치면 'Fxxking fabulous!' 같은 감탄사죠. '브루탈!' 한국 사람이 처음 들어도 왠지 욕처럼 들리기도 하죠?

앙토니만 카탈루냐 출신이 아니어서 처음에는 무슨 말인지 못 알아듣고, 욕을 한다고 생각했대요. 당황한 앙토니는 자기 와인이 별로냐고 물었고, 욕이 아닌 감탄사임을 알고서는 기뻐하며 한 가지 아이디어를 떠올렸어요. 낫을 든 해골로 브루탈 라벨을 만들고, 「라 소르가」가 정한 기준만 맞춘다면 누구나 자유롭게 그 라벨을 사용할 수 있도록 하는 거죠. '브루탈'이라는 이름까지도요.

브루탈이 될 수 있는 조건은 ① 포도 그대로의 와인 ② 펑키한 결점들이 매력이 되는 와인 ③ 200병 이하 또는 작은 배럴 하나의 양만 만드는 와인이에요. 그렇게 「라 소르가」 외에도 다른 생산자들이 만든 브루탈 와인이 세상에 존재할 수 있게 됐답니다.

3

오렌지 와인:
"죄송한데, 오렌지는
안 들어가요."

8000년 전 방식으로 만든 와인

제가 운영하는 내추럴 와인 바와 숍에서 와인을 추천하고 판매하다 보면 소중한 경험을 할 수 있어요. 와인 소비자의 반응과 관심사를 바로 눈앞에서 보고 느낄 수 있거든요. 추천받은 와인을 마신 뒤 보이는 손님들의 행동과 말의 온도에 따라 감정을 알 수 있고요. 호기심, 지루함, 놀라움, 관심 없음, 즐거움, 걱정, 기대감 등 사람들의 다양한 피드백이 오가기 때문에 바와 숍은 와인 업계 최전방의 현장이라 할 수 있습니다.

자신만의 취향을 갖고 내추럴 와인 숍과 바에 방문한 고객과의 만남은 언제나 즐겁고 설렙니다. 그런 자리는 기억에도 오래 남고요. 최근 몇 년간 이런 자리에서 가장 많이 입에 오르내린 단어를 꼽자면 내추럴 와인 그리고 오렌지 와인이에요. '내추럴'이라는 단어처럼 '오렌지'라는 단어도 누군가에게는 반감을 사고, 논란거리가 될 수 있을 듯합니다. 오렌지 와인은 오렌지로 만든 와인이 아니거든요.

우리나라에서는 오디 와인, 복분자 와인 같이 포도 외에 다른 과일로 술을 담아 '와인'이라는 이름을 붙여 판매하는 경우를 흔히 볼 수 있어요. 그래서 혼란이 생기는 건데요, 법적으로는 과실을 발효해 만든 알코올성 음료를 와인이라고 부르는 게 가능하거든요(물론 '포도주'라고 쓰는 건 안 돼요). 막걸리도 라이스 와인이라고 부르는 분들이 계실 정도다 보니 오렌지 와인을 오렌지로 만든 와인이라고 충분히

오해할 만해요. 하지만 오렌지 와인이란 포도, 정확하게는 화이트 와인을 만드는 청포도로 만든 와인을 가리켜요.

오렌지 와인의 역사는 무려 8000년 전 조지아로 거슬러 올라갑니다. 여기서 조지아는 미국 남동부 지역이 아닌, 러시아와 튀르키예 사이에 위치한 나라예요. 유럽과 아시아의 경계를 이루는 지역에 위치하죠. 8000년 전 조지아에서는 청포도를 껍질과 줄기까지 모두 사용해 암포라amfora라고 불리는 고대 토기에 발효했어요. 크베브리qvevri라고 부르는 거대한 암포라를 땅에 묻어 사용했죠.

앞서 이산화황이라는 산화방지제를 소개했어요. 내추럴 와인들은 이산화황을 최소량만 사용하거나 사용하지 않으려 한다는 점도 말씀드렸죠. 그래서 내추럴 와인을 만들려면 천연 산화방지제가 필요합니다. 이 지점에서 오렌지 와인에 주목하게 되는데요, 와인을 보호하는 천연 산화방지제인 탄닌이 오렌지 와인에는 자연적으로 들어 있어요. 그 비결이 뭘까요?

8000년 전 방식대로 청포도를 껍질과 줄기까지 모두 사용했기 때문이에요. 포도의 껍질과 줄기에는 탄닌 성분이 들어있거든요. 그렇게 하면 이산화황을 최소로 사용하거나 사용하지 않아도 장기 보관이 수월하고 장거리 유통도 가능하죠.

트렌드에 부합하는 맛과 알자스 와인의 부상

보관과 유통상의 편의성만으로 오렌지 와인이 유행하고 소비된 건 아니에요. 와인에서 가장 중요한 요소는 바로 '맛'이라고 생각해요. 기본적으로 오렌지 와인은 맛이 아주 좋아요. 맛의 유행과 트렌드는 시대에 따라 변화하는데, 오렌지 와인은 지금 와인에 관심 있고 와인을 사랑하는 사람들의 취향에 잘 맞아요.

이런 흐름을 잘 보여주는 예가 있어요. 바로 프랑스 알자스Alsace 지역의 와인 생산과 소비의 변화, 그리고 알자스 와인의 스타일 변화예요. 프랑스 알자스는 독일과 프랑스가 수차례 영토 분쟁을 벌인 곳이자, 노벨 평화상을 받은 의사 알버트 슈바이처Albert Schweitzer가 태어난 지역이에요. 슈바이처를 검색해보면 독일 출신의 프랑스 의사라고 나오는데 그 이유가 바로 그가 알자스 사람이기 때문이죠. 그래서 알자스 와인을 보면 어떤 생산자는 독일어 베이스고, 어떤 생산자는 프랑스어 베이스예요.

알자스는 2000년대 초반까지는 전통적인 몇 가지 품종이 블렌딩된 약간 당도 있는 와인, 기포가 있는 와인인 크레망cremant, 그리고 디저트 와인을 많이 만드는 생산지였어요. 밭의 등급이 높은 생산자들의 비싼 '리슬링' 와인이 유명한 지역으로, 사실 그리 인기 있는 생산지는 아니었어요. 2000년대 이후 세계의 와인 트렌드가 당도 있는 와인은 잘 안 팔리는 추세로 바뀌었거든요.

그런데 알자스의 와인 생산자, 특히 내추럴 와인 생산자들이 드라이한 화이트 와인과 화이트 와인을 만드는 포도로 오렌지 와인을 만들어 팔기 시작했어요. 결과는 어땠냐고요? 현재 알자스의 오렌지 와인은 누구나 믿고 마시는 와인이 됐어요. 오렌지 와인과 내추럴 와인의 전 세계적 인기로 알자스는 순식간에 인기 있는 와인 생산지가 됐고요.

오렌지 와인은 오렌지가 아닌 화이트 와인을 만드는 품종의 포도로 만든다는 건 알겠는데, 그럼 대체 왜 오렌지 와인이라고 부르는 걸까요?

바로 와인의 색깔이 오렌지색을 띠기 때문이에요. 와인 색깔이 보석의 한 종류인 호박 색처럼 진하다 해서 앰버amber 와인, 포도 껍질을 포도 주스에 담가 만든다 해서 '스킨 콘택트skin contact 화이트 와인'이라고 불러야 한다고 하는 사람들도 있어요.

하지만 우리는 보통 와인을 레드, 화이트, 로제 이렇게 컬러로 분류해서 부르잖아요. 8000년 전부터 존재했지만 제대로 된 분류와 이름은 없던 와인을 색에 따라 오렌지 와인이라고 부르기 시작했던 거죠.

그런데 여러 종류의 오렌지 와인을 잔에 따라보면 오렌지색이 아닐 때도 있어요. 어떤 건 흡사 레드 와인처럼 붉은 색을 띠기도 하고요. 오렌지 와인을 만드는 포도의 껍질 색이 노란색, 주황색 등으로 모두 다르기 때문이에요. 와인을 만드는 방법을 알면 조금 이해가 쉬워요.

조지아의 와인 - 로제 와인(좌), 오렌지 와인(우)

경험들 5 - 그래서 저는 내추럴 와인이 재미있습니다

레드 와인은 검붉은 껍질의 포도로 만들어요. 포도 알갱이를 으깬 주스에 껍질, 씨앗 등을 담가 검붉은 컬러와 탄닌을 녹여내죠. 이 과정을 침용 혹은 마세라시옹maceration이라고 해요. 화이트 와인은 청포도를 으깨고 그 주스로 와인을 발효해 만들어요. 마세라시옹 과정이 없죠. 그래서 화이트 와인은 껍질과 씨앗에서 오는 탄닌감이 없는 거예요.

8000년 전 조지아에서는 청포도를 껍질과 줄기까지 모두 사용해 크베브리에 발효해 와인을 만든다고 했죠? 화이트 와인을 레드 와인 만들듯 만든 거예요. 이 양조 방식이 오렌지 와인을 만드는 방법이랍니다.

요즘 와인 메이커들은 온도 조절 및 청소가 쉬운 스테인리스 재질의 양조 기구를 사용하는데, 어떤 와인 메이커는 옛날로 돌아가려는 움직임의 일환으로 다시 크베브리를 사용하기도 해요.

오렌지 와인은 다 내추럴 와인일까?

내추럴 와인을 전문적으로 취급하는 곳에 가면 오렌지 와인을 쉽게 만날 수 있어요. 반면 컨벤셔널 와인을 취급하는 곳에서는 오렌지 와인을 만나기 어렵죠. 여기서 이런 의문점이 생길 수가 있어요. '오렌지 와인은 다 내추럴 와인인가?'

정답은 '아니다'랍니다. 내추럴 와인의 양조 방식과 오렌지 와인의 침용 양조 방식은 서로 연관이 없어요. 오렌지 와인은 양조 방법에 따라 내추럴 와인이 되기도, 안 되기도 하고요.

와인 그 자체로는 큰 연관이 없지만, 그럼에도 내추럴 와인과 오렌지 와인의 유행은 서로 상관이 있어 보여요. 내추럴 와인을 만드는 양조장이 많아지면서 오렌지 와인을 내추럴 양조 방식으로 만드는 곳이 많아졌고, 내추럴 와인 전문 수입사가 대중이 호기심을 가지고, 마셔보고 싶어 하는 오렌지 와인을 취급하는 경우도 늘어나고 있거든요.

내추럴 와인을 전 세계적으로 즐겨 마시기 시작하면서 와인을 대하는 사고의 폭이 훨씬 넓어진 것 같아요. 깔끔하고 정갈한 화이트 와인보다 다소 거칠게 느껴지는, 옛날 방식으로 만든 오렌지 와인을 이제 전통적인 와인 애호가들도 받아들이고 있어요.

오렌지 없는 오렌지 와인의 핵심은 오렌지 와인이 8000년 전부터 있었던 전통적인 와인의 장르로, 내추럴 와인의 새로운 장르가 아니라는 점이었죠? 그런데 오렌지 와인처럼 아주 오래전부터 만들어지고 또 사랑받아온 스파클링 와인이 있어요. '자연스러운 기포'라는 의미의 프랑스어를 줄여 부르는 '펫낫'입니다. 스파클링 와인 하면 보통 샴페인 Champagne을 떠올리기 쉬운데요, 샴페인 못지않은 펫낫만의 매력을 찾아 이야기를 이어가 볼게요.

4

펫낫:
샴페인 아님 주의!
맥주처럼 뚜껑 따서 마셔요

특별한 날에 어울리는 와인

여러분은 보통 언제 와인을 즐기시나요? 아침에 일어나서 모닝 와인 한 잔, 점심 식사에 곁들여 한 잔, 저녁에 잠들기 전에 한 잔, 사람마다 모두 다를 텐데요. 와인을 일상적으로 즐기시는 애호가분들도 있겠지만, 내추럴 와인은 가격대가 저렴하지 않다 보니 매일 즐기기에 부담일 수 있어요. 특히나 최근 내추럴 와인의 가격은 더 올라가는 추세고요.

그래서 대개 생일이나 기념일 같은 특별한 날에 내추럴 와인을 찾는 경우가 많아요. 그중에서도 기포가 들어 있는 내추럴 와인 한 잔은 소중한 날을 함께하는 사람들의 기분과 분위기를 한층 더 끌어올리는 데 큰 역할을 해요.

요즘 들어 특별한 날에 어울리는 스파클링 와인을 추천하고 설명하다보면 "이건 뭐예요?"라는 질문을 받을 때가 많아요. 손님들이 가리키는 손가락 끝을 따라가면 맥주병의 뚜껑처럼 크라운캡crown cap으로 병 입구가 마감된 '펫낫Pét-Nat'이 어김없이 자리 잡고 있습니다.

펫낫은 뻬티앙 나투렐Pétillant Naturel이라는 프랑스어의 줄임말이에요. 뻬티앙은 탄산, 스파클링 와인 등에 '거품이 이는'이라는 뜻이고, 나투렐은 '자연스러운'이라는 의미예요. 즉, 펫낫은 자연적으로 만들어진 거품, 이러한 자연적인 기포가 들어 있는 스파클링 와인을 의미합니다.

모든 와인이 그렇다고 일반화할 수는 없지만, 전통적인 스파클링 와인보다 펫낫 중에 우리의 눈길을 사로잡는 예쁘고 힙한 라벨이 많은 건 사실이에요. 입 안을 톡 쏘는 기포가 있으면서도 이렇게나 눈에 띄게 개성 있는 라벨을 단 펫낫에 눈길과 손길이 가는 건 놀라운 일도 아니죠.

보통 스파클링 와인을 떠올리면, 개봉할 때 마개가 마치 폭발하듯 위로 솟구치는 장면이 가장 먼저 떠오르곤 합니다. 마찬가지로 어떤 펫낫은 '터짐 주의', '폭발 주의'를 해야 할 때가 있어요. 뚜껑을 열면 와인이 병 밖으로 흘러넘쳐서 와인 병 입구에 잔이나 그릇을 대기해 놓고 크라운캡을 오픈해야 하거든요.

이러한 특성을 결함이나 번거로움이 아닌, 재미와 개성으로 이해하면 더 좋을 것 같아요. 마치 길들여지지 않은 야생마처럼, 천방지축 말괄량이처럼, 언제든지 쏜살같이 달려나갈 준비가 되어 있는 스포츠카처럼요. 당연히 와인을 서브해주는 분들과 판매하는 분들이 사전에 좋은 해결책을 알려드릴 테니 너무 겁먹지 않으셔도 돼요.

웅크렸던 몸이 기지개를 켜듯, 펫낫을 오픈하면 기포와 함께 갇혀 있던 향이 퍼져 나가기 시작하면서 그 공간 전체의 온도와 공기가 바뀌는 마법이 일어나요. 그렇게 한두 잔 마시다 보면 사람과 공간이 하나로 어우러지는 두 번째 마법까지 일어나죠.

병 안에서 발효하는 와인

그렇다면 펫낫은 언제 등장했을까요? 내추럴 와인이 유

행하면서 같이 만들어졌을까요?

조금 복잡하고 어려운 말로, 메소드 안세스트랄methode ancestrale이라는 방식으로 만드는 펫낫은 오렌지 와인처럼 생각보다 훨씬 더 예전부터 만들어졌던 와인이에요. 와인 생산이 현대화하기 전의 방식입니다. 만드는 방식에서 샴페인이나 크레망, 카바cava와 큰 차이를 보입니다.

샴페인, 크레망, 카바 같은 현대의 스파클링 와인은 보통 1차 발효를 통해 와인을 만들고, 여기에 효모와 당분을 넣어 2차 발효를 진행하는 식으로 기포를 더 풍부하고 섬세하게 만들어요. 만드는 과정 중에 와인 원액을 블렌딩하기도 하고, 효모나 포도 찌꺼기를 없애는 단계를 거치기도 하죠.

펫낫을 만드는 방식, 그러니까 메쏘드 안세스트랄은 훨씬 더 간단해요. 딱 한 번의 발효만 해서 기포 있는 와인을 만들죠. 포도가 와인으로 변하는 중에 와인 원액을 병 속에 넣어요. 그러면 포도 껍질에 있던 효모가 포도의 당을 먹고 알코올과 이산화탄소를 만듭니다. 발효 과정에서 자연적으로 생성되는 이산화탄소를 병 안에 그대로 가두는 거죠. 그러면 자연스럽게 기포가 있는 와인, 즉 펫낫이 탄생합니다. 내추럴 와인과 펫낫의 차이는 1차 발효가 커다란 발효통 안에서 일어나느냐, 뚜껑이 막혀 있는 와인 병 안에서 일어나느냐의 차이로 볼 수 있겠네요.

이렇게 옛 방식으로 만든 펫낫의 병 안을 들여다보면 침전물이 있고, 또 와인 색이 뿌연 것이 탁해 보이기도 해요.

하얀 쌀로 만든 막걸리를 마시다 보면 술처럼 하얀색의 침 전물이 뿌옇게 보일 때가 있는데 그것과 비슷해요.

와인을 만들 때 포도 껍질, 씨 등을 와인에 계속 담가둬 향과 빛깔 등을 우려내는 과정을 마세라시옹이라고 한다고 말씀드렸는데요. 프랑스어로 '담그기'라는 뜻으로, 우리말 로는 '침용'이라고 해요. 침용 과정에서 껍질까지 활용하는 펫낫은 당연히 포도 색깔에 따라 와인 색이 달라집니다.

청포도와 적포도 모두 펫낫을 만드는 데 사용할 수 있어 요. 레드 펫낫, 화이트 펫낫, 로제 펫낫은 물론이고, 청포도 를 침용해서 만든 오렌지 펫낫도 있어요. 와인 메이커의 스 타일, 포도 품종, 포도의 블렌딩, 그리고 와인을 만드는 지 역 등에 따라 무수할 정도로 다양한 스타일의 펫낫이 탄생 합니다.

펫낫은 포도 자체가 가지고 있는 개성과 자연스러운 특 징이 와인에 담겨 있어 과실미가 살아 있고 생동감이 느껴 져요. 펫낫의 개성과 맛은 예전에 비해 품질 면에서 놀라울 정도로 많이 발전했는데요, 기존의 스파클링 와인과 비교하 면 뭔가 다르다는 느낌을 받을 거예요.

우선 일상적으로 접했던 샴페인이나 크레망처럼 기포 가 섬세하거나 많이 나지는 않아요. 일반적인 샴페인의 병 속 압력이 5~6기압인 반면에, 펫낫은 1~2.5기압으로 낮거 든요. 특히 샴페인처럼 우아하게 열지 않고 맥주 오프너로 쿨하게 따 마시는 펫낫은 알코올 도수가 조금 낮은 경우도 있답니다. 보통의 와인이 알코올 도수가 13도 정도인 반면 펫낫은 10도 정도 되는 경우도 있다 보니, 과일맛 맥주 같은 느낌을 받는 경우도 있어요.

힙한 전통의 탄생

다른 내추럴 와인이나 오렌지 와인처럼, 펫낫이 최근에 갑자기 등장한 새로운 장르가 아니라는 점은 눈여겨볼 만해요. 뉴new와 레트로retro, 새로움과 복고라는 의미가 더해진 '뉴트로'라는 신조어처럼, 유행은 돌고 돌며, 이제 막 등장하는 세대에게는 옛것이 오히려 새롭게 느껴질 수 있잖아요? 을지로의 노포집, 성수동의 공장을 개조한 카페와 편집 숍이 요즘 젊은이들에게 힙한 느낌을 주듯, 옛 방식의 거친 날것을 보여주는 펫낫이 더 힙하게 느껴지는 거죠.

앞서 설명했듯이, 펫낫은 샴페인을 만들 때처럼 반드시 지켜야 하는 절차와 과정이 상당 부분 생략돼 있어 훨씬 자유롭게 만들 수 있어요. 포도의 품종을 다양하게 선택할 수도 있고, 양조 방법도 와인 메이커의 개성에 따라 더 자유롭게, 창의적으로 만들 수 있죠.

심지어 맥주에 사용하는 홉을 넣어 만든 펫낫도 있어요. 바로 「필드 레코딩스Field Recordings」라는 미국의 와이너리에서 만든 펫낫이에요(물론, 이 펫낫을 내추럴 와인으로 분류하기는 어려워요).

이 펫낫은 포도 품종 중 하나인 샤르도네chardonnay로 양조한 와인에 맥주에서 사용하는 드라이 호핑dry hopping 방식을 적용해 만듭니다. 드라이 호핑은 발효된 혹은 발효 중인 맥주에 홉을 투여하는 방식을 의미하는데, 홉의 쓴맛은 억제하고 아로마는 극대화할 수 있어요.

주로 아메리칸 페일 에일 맥주 혹은 아메리칸 IPA 맥주에서 사용하는 방법이라고 하는데, 생산자의 창의력이 담긴 개성 있는 펫낫이라 할 수 있겠죠?

이렇듯 펫낫에는 생산자의 창의력과 개성이 가득 담겨 있어 때로는 국경을 넘은 협업을 만들어 내기도 해요. 내추럴 와인을 만드는 뉴질랜드의 와이너리「킨델리Kindeli」와 한국의 내추럴 와인 수입사가 협업해 만든 펫낫을 소개할게요.

퐁당PONG DANG이라는 와인 이름, 와인 잔에 다이빙하는 모습의 귀여운 라벨은 단번에 이 와인이 기포가 있는 힙한 펫낫이자, 무더운 여름철 마시기에 딱 알맞은 와인이라는 걸 아주 자연스럽게 보여 주고 있어요.

전통의 재발견과 재해석, 탈권위적인 태도, 장르를 뛰어넘는 협업과 자유로움은 우리 주변의 다양한 영역에서 발견할 수 있는 현상인데요. 내추럴 와인에서는 특히 펫낫이라는 장르가 이 새로운 사회적 현상과 유행의 선두에 서 있답니다.

킨델리 협업 와인 '퐁당'

경험들 5 - 그래서 저는 내추럴 와인이 재미있습니다

가격:
모래와 가스가
와인 값에 미치는 영향

내추럴 와인은 왜 비쌀까?

친구들과 카페에서 이야기 나누다 보면 해보다 달이 가까운 시간이 찾아오죠. 우리는 자연스럽게 다음 목적지를 이야기해요. 나만 알고 싶었던 맛집, 술집 리스트가 서로에게 공유되는 시간이에요. SNS에서 핫한 내추럴 와인 바는 어떨지 친구들에게 물어봅니다.

모두가 내추럴 와인을 아는 것은 아니었어요. 한 친구가 그런 건 얼마나 하냐고 묻네요. 지은 죄는 없지만 왠지 기어들어가는 목소리로 말해요.

"대~충 한 10만 원?"

내추럴 와인을 처음 들어본 친구가 놀라 다시 물어요.

"10만 원? 한 병에?"

믿기 힘들다는 반응이에요. 세 명이서 와인 두 병 정도는 거뜬히 불태우는 우리들인데 한 병에 10만 원짜리 와인이라니…… 머릿속은 빠르게 계산기를 두드리기 시작해요.

'와인 두 병에 안주까지, 세 명이서 나누면 한 사람당 8~9만 원은 각오해야 하네.'

결국, 내추럴 와인 바가 아닌 다른 곳을 찾아봐요.

한 번쯤 겪어본 상황일 것 같아요. 마트나 편의점에서 와인을 즐겼던 친구들이 내추럴 와인의 가격을 듣고 놀라는 건 당연합니다. 평소 2~3만 원 가격대로도 충분히 와인을 즐겼는데, 10만 원대 와인은 왠지 선을 세게 넘은 것처럼 느껴져요.

물론 내추럴 와인 바에 있는 모든 와인이 10만 원대는 아니에요. 6~7만 원대의 와인도 있긴 하거든요. 물론 절반 이상은 9~10만 원대가 넘지만요.

내추럴 와인 숍에서 와인을 구매한 뒤 집이나 여행지 숙소에서 즐기는 것도 방법이지만, 내추럴 와인 숍에도 접근성이 좋은 가격대의 와인은 잘 보이지 않아요. 5~6만 원대의 제품이 간간이 보이고, 대부분은 7~9만 원대거든요. 부담 없이 마시고 즐기기에는 어려운 아이템이 분명해 보이는데요. 내추럴 와인은 왜 비쌀까요?

합리적인 가격의 컨벤셔널 와인을 즐기던 와인 애호가라면 내추럴 와인의 가격은 사악하게 느껴져요. 내추럴 와인 바와 숍은 마진율을 얼마나 책정한 건지 감도 안 잡히고요. 내추럴 와인을 전문적으로 다루는 수입사는 내추럴 와인 유행을 틈타 한몫 제대로 돈을 챙기고 있는 건 아닐까 의심이 들지도 모르겠어요.

그런데 생각보다 내추럴 와인 바와 숍의 마진율은 높지 않아요. 내추럴 와인 수입사가 한탕주의식으로 돈을 챙기고 있지도 않고요. 컨벤셔널 와인을 판매하는 바와 숍, 그리고 컨벤셔널 와인 수입사도 마찬가지죠. 합리적인 마진을 남기며 경제 활동을 이어가고 있어요. 그러면 내추럴 와인은 도대체 왜 이렇게 비싼지 이유를 살펴볼게요.

우선은 배송 비용이 큰 비중을 차지해요. 내추럴 와인은 화학 첨가제, 산화방지제를 사용하지 않기 때문에 컨벤셔널 와인보다 변질될 우려가 높아요. 높은 온도와 습도, 직사광선을 피해 냉장 컨테이너로 수입되어야 하죠. 간혹 냉장 컨테이너를 사용하지 않고 비행기에 태워 항공으로 수입하는 수입사도 있고요.

또, 내추럴 와인은 대부분 소량 생산돼요. 소량 생산된 와인을 전 세계 다양한 국가의 내추럴 와인 애호가에게 나누어서 보내야 하죠. 그러니 한 종류의 내추럴 와인이 한국에 수입되는 양을 따져보면, 적으면 몇십 병에서 많아야 수백 병밖에 되지 않아요.

냉장 컨테이너의 해상 운송비, 항공 운송비 외에도 또 다른 배송비가 있어요. 바로 와인 산지의 현지 운송비예요. 수천, 수만 병을 대량 생산하는 컨벤셔널 와인과 다르게 현지에서도 소량으로 조심스럽게 운반해야 하니 운송비는 더 높을 수밖에 없어요.

공업화된 농장에서 화학 성분을 첨가해 만드는 컨벤셔널 와인과 동물들의 도움으로 농사를 짓고, 농부 혹은 와인 생산자가 다스릴 수 있는 범위 내에서만 소량 생산하는 내추럴 와인의 제조 원가는 큰 차이를 보여요. 물론 현지의 와인 가격과 한국에서 판매하는 와인 가격을 실제 비교해 보면 한국의 와인 가격이 비싸긴 하죠.

기후 위기가 와인 가격에 미치는 영향

그런데 앞으로 와인 가격은 더 오를 것 같아요. 내추럴 와인뿐만 아니라 유럽에서 생산하는 대부분의 와인이요. 아쉽지만 망언도 실언도 저주도 아니에요.

1~2년 뒤 혹은 2~3년 뒤에 나올 와인 가격은 올해 포도 농사의 수확량과 작황에 따라 결정될 거예요. 그런데 최근에 어떤 일들이 있었죠? 먼저 유례를 찾기 힘들 정도의 폭염이 전 세계를 덮쳤어요. 이로 인해 산불도 잇따랐고요. 프랑스 와인 생산지로 유명한 보르도Bordeaux가 속한 지롱드 Gironde 지역에서 발생한 산불은 2만 헥타르(축구장 2800개 규모)에 달하는 숲을 태웠어요. 이탈리아에서 가장 긴 포Po 강은 폭염과 최악의 가뭄으로 강의 상당 부분이 말라붙었죠. 이곳은 와인 생산을 위한 포도를 포함해 이탈리아의 주요 농업 생산량의 3분의 1을 차지하는 곳이에요.

기후 위기 속에 러시아는 우크라이나를 침공했어요. 현재 진행형인 두 나라의 전쟁도 와인 가격에 영향을 미쳐요. 40퍼센트 이상의 프랑스 와인 병이 프랑스 국외에서 수입되고 있는데, 러시아와 우크라이나는 와인 병의 주요 수출국이거든요. 당연히 와인 병은 부족해졌어요.

병도 병이지만, 더 큰 문제는 전쟁으로 인한 가스 가격 인상이에요. 와인 병을 만들기 위해서는 모래를 1300도로 뜨겁게 달궈야 해요. 이 과정에서 사용하는 가스는 와인 병 생산 공장에서 사용하는 에너지의 75~80퍼센트 수준이죠. 너무 올라 버린 가스비로 와인 병 공장은 문을 닫기도 했죠. 살아남은 공장들은 와인 병 가격을 올려 판매하고 있어요.

숙성을 마치고 병 속에 넣어서 판매하는, 그리고 와인 병 안에서 추가로 숙성해 판매하는 와인의 가격은 높아질 수밖에 없죠.

포도밭에서 식탁까지

내추럴 와인이 어떤 과정을 거쳐서 우리 식탁에 오르는지 한번 생각해볼까요?

일단 와이너리가 와인을 생산하겠죠. 와인 수입사가 생산된 와인의 수입을 결정하면 주문 물량에 따라 와인별 가격이 결정돼요. 대량 주문일 경우 와이너리가 와인을 저렴하게 공급해요. 가끔 대형 마트에서 현지보다 저렴하게 와인을 팔 수 있는 이유예요. 와이너리에서 좋은 계약으로 싹쓸이해 오는 거죠. 물론 소량 생산하는 내추럴 와인 쪽에서는 있을 수 없는 일이지만요.

와인을 생산하고 나면 냉장 컨테이너가 있는 곳, 즉 항구나 공항으로 옮겨야 해요. 항구나 공항이 멀면 와인의 이동 비용은 올라갈 거고요. 큰 산맥을 넘는 경우, 추가 비용이 발생해요. 여기에 와인도 사람처럼 보험에 들어요. 택배비에 포함된 보험 비용이라고 생각하면 쉬울 것 같아요. 물론 다른 국가 사이에서 발생하는 무역이니 운임과 보험료에 관한 다양한 계약이 존재할 거고요. 이러한 운임과 보험료의 계산법은 내추럴 와인 수입사와 와인 생산지의 판매 업체가 밀고 당기며 결정할 테니 우리는 머리 아플 일 없어요.

기다리고 기다리던 내추럴 와인이 한국에 도착했어요. 하지만 공항엔 경찰과 검찰보다 무서운 공무원이 있습니다. 바로 세무 공무원이죠. 와인 가격+운임+보험료가 포함된 금액에서 관세 15퍼센트, 주세 30퍼센트, 교육세 10퍼센트, 부가가치세 10퍼센트 등의 세금을 내야 해요.

자유무역협정FTA 체결국의 경우 관세 15퍼센트는 면제가 된다고 하는데, 모든 와인이 면제되는 건 아니에요. 또 한국에 처음으로 수입되는 식품은 검역을 받아야 해요. 내추럴 와인도 식품이니 이 과정을 피할 수 없고요.

이 과정까지 통과하면 드디어 내추럴 와인이 수입사에 도착해요. 이제 먼 여행에 지친 와인이 편안하게 쉴 수 있도록 시간을 줘야 해요. 이 과정을 '안정화'라고 해요. 안정화가 끝난 와인들은 수입사의 와인 리스트에 올라가고, 와인 소매점이나 바, 숍에서 이를 보고 발주를 하면 드디어 소비자들과 만날 수 있어요.

물론 이토록 긴 모든 여정에서 변질의 우려가 높은 내추럴 와인을 온도, 습도, 직사광선 모두 잘 관리해줬다는 전제하에서요. 먼 곳의 험난하고 척박한 환경에서 자란 포도로 만든 내추럴 와인과 극소량 생산되는 내추럴 와인의 가격이 비싼 이유를 이제 조금 알 것도 같죠?

6

가치:
지속 가능성과
순수하고 깨끗한 맛

건강한 땅, 건강한 포도를 미래에도 만나려면

앞서 와인 가격이 꾸준히 올라가고 있는 여러 이유를 살펴봤는데, 이렇게 높은 가격에도 불구하고 내추럴 와인의 인기는 떨어질 줄 모르고 있어요. 비싼 내추럴 와인이 매력적인 이유는 무엇일까요? 우리는 내추럴 와인을 왜 마셔야 할까요? 내추럴 와인을 마시면 뭐가 좋은 걸까요?

내추럴 와인 생산자들이 한결같이 이야기하는 이유가 있어요. 바로 '지속 가능성'이에요. 그들은 항상 건강한 땅과 건강한 포도에 대해 이야기해요. 와인이 대량화, 산업화 되면서 잃어버리고 잊어버렸던 그리고 애써 외면했던 자연과의 공존 말이죠. 내추럴 와인 생산자들은 농기계와 화학 약품을 무분별하게 사용해 짓눌리고 퇴화되고 오염되었던 땅을 되살리기 위해 노력해요. 이전의 생산자들이 그러했듯 동물의 힘을 빌려 농사를 짓고, 화학 비료와 농약 등을 사용하지 않은 건강한 포도를 기르는 것에 훨씬 더 집중하죠.

프랑스 루아르 지역의 와이너리 「클로 듀 튜뵈프Clos du Tue-Boeuf」의 와인 생산자 티에리 퓌즐라Thierry Puzelat는 이렇게 말해요.

"나는 미래의 아이들로부터 와인을 양조할 권리를 빌렸다고 생각합니다. 잘 관리해서 좋은 모습으로 남겨주고 싶어요."

그런가 하면 최근에는 지속 가능성 측면에서 새로운 실험에 나서는 내추럴 와인 메이커들도 있어요.

보통 대부분의 와인 병은 유리로 만들어지고, 직사광선에 취약한 와인을 보호하기 위해 주로 녹색이나 갈색처럼 짙은 색상을 사용해요. 와인을 생산하는 국가와 지역 그리고 와인 스타일에 따라 와인 병의 모양도 제각기 다른 경우가 많죠.

그러다 보니 기존의 와인 병은 재사용하기가 어렵다는 문제가 있었어요. 특히나 우리나라처럼 주로 수입에 의존하는 경우에는 와인 병 수거를 담당하는 업체가 아예 없고, 제각기 다른 색과 모양을 지닌 공병을 재사용하는 시스템을 마련하는 건 불가능에 가까워요.

이러한 문제를 고민하던 프랑스 보졸레Beaujolais 지역의 와이너리「라팡 데 빈Lapins Des Vignes」에서는 유리병 사용을 좀 더 당당하고 떳떳하게 이야기할 수 있는 내추럴 와인을 만들고 있어요.

현재 보졸레에서 가장 핫한 와이너리이기도 한「라팡 데 빈」에서 만드는 두 가지 와인 '엉큘레Enculés'와 '팔티에흐Paltières'인데요, 이 와인들은 재활용 와인 병에 담겨 판매되고 있어요. 자연과 환경을 생각하는 철학이 담긴 재사용 병과 그 안에 담겨진 내추럴 와인은 갈수록 더 전 세계로 뻗어나가고 있죠.

순수하고 깨끗한 맛

하지만 지속 가능성 측면만을 생각해 비싼 내추럴 와인

라팡 데 빈의 재사용 와인 병

장 피에르 호비노가 생산한 와인

경험들 5 - 그래서 저는 내추럴 와인이 재미있습니다

을 마시기는 어려울 수 있어요. 그런 여러분에게 들려드리고 싶은 이야기가 있습니다.

1980년대에 와인 리뷰 매거진을 창간하고, 파리에 초창기 내추럴 와인 바 랑주 뱅L'Ange Vin을 오픈했으며, 은퇴를 고려할 나이에 마치 연어처럼 고향으로 돌아와 와인을 만들고 있는 전설적인 생산자가 있어요.

바로 장 피에르 호비노Jean-Pierre Robinot예요. 호비노는 젊은 시절 소위 말하는 비싸고 고급스러운 와인들을 접했는데, 정작 와인에 대한 열정에 불을 붙인 건 그런 프리미엄 와인이 아니었어요.

그가 와인에 매료된 계기는 내추럴 와인의 아버지라 불리는 쥘 쇼베Jules Chauvet의 '상 수프르San Souffre' 와인이었다고 해요. 상 수프르 와인은 이산화황을 넣지 않은 와인이란 뜻으로, 우리가 요즘 내추럴 와인이라 부르는 와인을 가리켜요.

호비노에게 왜 내추럴 와인에 매료되었는지, 내추럴 와인을 향한 자신만의 철학이나 다른 의미가 있는지 물으면 그는 단호하게 이야기해요.

"맛! 그 이상도 그 이하도 아니야. 난 친구들과 어울려 어마어마하게 비싼 와인들과 유명한 와인들을 많이 마시고 즐겼지만, 내추럴 와인의 순수한 맛, 깨끗한 맛 그리고 자연스러운 맛은 그 무엇과도 비교할 수 없거든."

여기서 내추럴 와인의 맛과 관련해 독특한 철학을 가지고 있는 와이너리 한 곳을 소개할게요.

「르 플뤼LE PELUT」는 프랑스 남부의 랑그도크루시용 지역에 위치한 아주 작은 와이너리예요. 이곳의 와인 메이커인 피에르 루스Pierre Rousse는 5헥타르의 포도밭에서 유기농, 바이오다이나믹 방법으로 내추럴 와인을 위한 포도를 기르고 있죠.

피에르는 매우 자유로운 내추럴 와인 양조자이기도 해요. 그는 100퍼센트 포도로만 와인을 생산하고, 이산화황을 절대 사용하지 않는다는 것 외에는 어떠한 규칙도 따르지 않고 와인을 만들고 있거든요.

규칙이 없다고 하면 배우지 않고 멋대로 와인을 만든다고 오해할 수도 있겠지만, 그는 2004년부터 본인의 포도밭에서 와인을 만들어왔어요. 랑그도크에는 실방 속스Sylvain Saux라는 유명한 내추럴 와인 생산자가 있는데, 피에르는 그가 운영하는 와이너리인 「페쉬고Pechigo」에서 일했고, 그의 포도밭을 인수하기도 했죠.

피에르는 매년 새로 만드는 와인에 그때마다 새로운 이름을 만들어 붙여요. 바꿔 말하면 그가 만드는 모든 종류의 와인들의 빈티지(생산 연도)가 다른 거죠.

보통 같은 밭에서 나온 포도로 와인을 만들면 동일한 와인 이름을 붙여 포도가 재배된 해를 빈티지로 해서 출시해요. 예를 들면 2019년 포도로 만든 와인은 '○○○ 2019'가 되고 2020년 포도로 만든 와인은 '○○○ 2020'이 되는 식이죠. 하지만 그의 와인은 하나의 이름만 가지고 있고, 새로운 빈티지는 전혀 다른 개성의 와인으로 만들어져요. 그래서인지 「르 플뤼」와인은 언제나 살아 있고, 독특하고, 맛있어요.

그런데 문제가 있어요. 종류별 생산량이 적고, 다음 연도에는 그 와인을 만들 수 없다는 거예요. 그의 와인 '갈레자드Galéjade 2017'은 겨우 480병만 만들어졌어요. '후벨럼Rubellum 2013'은 300병만 생산됐고요. 오해할 수 있겠지만, 한국에 수입된 수량이 아니라 그해에 그가 만든 모든 와인의 수량이에요. 전 세계에 딱 300병만 있는 와인이라니, 맛이 궁금한가요? 맛은 콤부차처럼 새콤하고 강렬하며, 짭짤한 미네랄이 인상적이었어요. 6만 원대로 즐길 수 있었죠.

비싸게만 느껴졌던 내추럴 와인에 대해 호기심이 조금은 생겼나요? 직접 내추럴 와인 숍을 방문해봐야겠다고 생각하는 분들도 있을 것 같아요.

그런데 와인을 고르다 보면 오래 지나지 않아 난관에 부딪혀요. 라벨을 아무리 들여다봐도 도통 뭐가 적힌 건지 모르겠고, 뭐라고 읽어야 할지도 모르겠거든요. 분명 내추럴 와인은 이산화황을 사용하지 않는다고 했는데, 어떤 건 라벨 뒤를 보니 '이산화황 함유'라고 적혀 있기도 하고요.

내추럴 와인의 독특한 특색이 담겨 있는 와인 병 라벨에 대해 말씀드릴 때가 왔네요.

7

라벨:
내추럴 와인을 기억하는
가장 쉬운 방법

그림으로 기억하는 와인

와인 바에 자주 가시나요, 아니면 볼거리나 놀거리가 많은 곳의 카페를 자주 가시나요? 보통은 카페에 가는 횟수가 더 많을 것 같아요. 주말이 되면 성수동, 한남동, 연남동, 을지로 같은 개성 강한 동네에서 각종 전시와 팝업 행사를 보고, 근처에 유명한 카페에 들르는 게 '정석'이니까요.

하지만 요즘은 문화 여가 생활 속에도 내추럴 와인이 많이 녹아 있어요. 그로서리 숍이나 편집 숍에서 내추럴 와인 병을 보는 것은 이제 어려운 일이 아니죠. 음료와 디저트를 즐기는 카페 공간에서도 내추럴 와인이 자주 보이고요.

특히나 내추럴 와인은 켄벤셔널 와인에 비해 화려한 라벨이 붙어 있는 경우가 많아 눈에 더 잘 띄어요. 길게 늘어진 텍스트보다 한 장의 이미지에 눈길이 먼저 가는 경우가 많은데, 와인도 비슷한 거 같아요.

특히 내추럴 와인에 막 입문한 분들일수록 낯설고 어려운 와인 이름을 기억하기보다는 와인 병에 붙은 라벨 이미지를 기억하는 듯해요. 라벨을 스마트폰 사진첩에 저장해두거나 SNS에 기록해 두시는 분들도 많고요. 저도 매장에서 와인을 판매하고 추천할 때 손님과 서로 스마트폰을 보여주는 일이 자주 있어요. 연락처가 아닌 내추럴 와인 경험을 교환하는 순간이죠.

내추럴 와인만의 특색 있는 라벨은 많은 의미를 담고 있어요. 흔히들 옷장에 옷은 많지만 정작 입을 옷은 없다고 말하죠. 날씨와 유행, 그리고 취향에 따라 옷을 입기 위해 계획적으로 쇼핑하지만, 가끔은 꼭 자주 입을 것 같지 않더라도 내 스타일의 옷을 기분에 따라 구매할 때도 있으니까요.

와인도 그래요. 같이 먹을 음식과의 조화, 오늘의 날씨와 내 취향에 따라 와인을 고르기도 하지만, 저는 가끔 취향을 저격한 와인 라벨을 보고 옷을 충동 구매하듯 와인을 고를 때가 있어요. 저 말고도 라벨만 보고 와인을 고르는 분들이 꽤 있더라고요. 특히 누군가에게 선물하기 위해 와인을 고르는 경우에 그래요.

저는 보통 와인을 추천할 때 선물 받는 분의 정보를 여쭤봐요. 와인을 자주 즐기는지, 내추럴 와인을 접해본 적이 있는지를 묻죠. 그런데 와인을 선물 받는 이의 취향에 맞추기 위해 질문을 던질수록 추천이 더 어려운 경우가 많았어요. 서로 긴밀하게 자신의 와인 취향을 공유하는 경우는 거의 없으니까요. 그러다 보니 받는 사람의 와인 취향보다는 컨벤셔널 와인보다 대담하고, 힙하고, 위트 있고, 귀여운 라벨의 내추럴 와인을 찾으러 오는 분들이 많더라고요.

내추럴 와인이라고 해서 모두 개성 있고 눈에 띄는 라벨을 사용하는 건 아니에요. 컨벤셔널 와인처럼 클래식하거나 심플한 디자인의 라벨도 있어요. 다만, 내추럴 와인은 라벨에 생산자의 철학이나 생각을 담아내는 경우가 많은데, 그래서 내추럴 와인 라벨이 조금 더 눈에 띄는 거 같아요.

수백 개의 와인 라벨을 보고 있노라면 생산자와 라벨이

갱글링거의 와인

경험들 5 - 그래서 저는 내추럴 와인이 재미있습니다

마치 사람과 옷 같다고 느껴져요. 자기의 패션 취향에 맞춰 옷을 입는 사람들도 있고, 아닌 사람들도 있죠. 무채색의 옷만 입는 사람, 화려한 패턴의 옷을 좋아하는 사람, 다양한 컬러의 옷을 입는 사람 등등 취향도 제각각 다르고요.

모든 사람이 옷을 좋아하고 잘 입는 패션 피플이 아니듯, 내추럴 와인 생산자라고 모두가 라벨에 관심을 갖고 신경을 쓰는 건 아니에요. 패션에 관심과 열정이 많아도 표현 방식이 서투를 수 있듯이 어떤 내추럴 와인 생산자는 라벨에 관심이 많지만 정작 자신의 와인 라벨은 덜 감각적으로 만들어낼 수도 있죠. 그들은 열정적인 포도 농부이자 와인 메이커이지, 그래픽 디자이너는 아니니까요. 그래서 이런 생산자들 중에는 주위에 아티스트 조력자를 둔 경우가 있어요.

독특한 라벨에 담긴 이야기

프랑스 알자스 지역의 와이너리인 「갱글링거Ginglinger」의 와인 라벨에는 코가 유달리 크고 긴 남자가 와인을 음미하거나 돌을 관찰하는 모습이 그려져 있어요. 이 라벨 속 남자 그림은 갱글링거의 현재 오너이자 와인 메이커인 장 갱글링거Jean Ginglinger의 캐리커처예요. 이 와인 라벨은 알자스 지역 예술가인 조안JOAN이 디자인했어요.

갱글링거는 평소 와인 만드는 일을 너무 딱딱하고 진지하게 생각하지 않는 사람인데, 조안은 여기서 착안해 와인 라벨에 그의 모습을 마치 만화 속 주인공처럼 그려 넣었어요. 그의 실험적이고 도전적인 와인 메이킹이 얼마나 즐거운 일인지를 보여주는 것 같지 않나요?

그런가 하면 마리 호셰[Marie Rocher]라는 작가이자 와인 메이커가 만든 세 개의 각기 다른 와인 라벨은 그래픽 디자이너이자 일러스트레이터로 활동 중인 로헝스 셰네[Laurence Chéné]가 디자인했어요. 그들은 오랫동안 서로 의견을 나누고, 와인을 시음하고, 그림을 그려보며 자신들만의 정체성을 충분히 담은 결과물을 만들어냈죠. 각 와인의 특징이 잘 그려진 와인 라벨을 보면 와인을 마셔보고 싶고, 갖고 싶어지기도 해요.

하얀색 종이에 아무런 그림도 없이 덩그러니 글씨만 써둔 어느 와인 라벨에도 눈길이 가요. 와인 라벨에는 간단한 단어나 문장이 적혀 있을 뿐이죠.

'Let's go Disco'
'We can do what I can't'
'Poetry of Silence'
'New Peach on the Block'

간단명료하게 적힌 와인 이름과 아주 심플한 디자인의 와인 라벨. 가끔은 무슨 뜻인지 이해가 가지 않는 이 라벨의 주인은 앤더스 프레드릭 스틴[Anders Frederik Steen]이에요. 그의 와인은 라벨만으로 단박에 바로 알아볼 수 있어요.

카피라이터 같은 센스로 자신이 만든 와인의 이름을 짓는 앤더스는 많은 팬을 보유하고 있어요. 그를 시인이라 일컫는 사람들도 있어요. 그들은 앤더스의 와인 한 모금 한 모금이 마치 시를 읊는 듯하다고 찬양해요. 와인 이름, 첫 잔부터 마지막 한 방울까지 와인의 모든 것이 마치 한 편의 시와 단편 소설같이 느껴진다고 말하죠.

스페인의 디자인 잡지 『아파르타멘토Apartamento』는 앤더스가 와인을 만들고 마시면서 기록한 노트를 모아 단독 단행본을 발행했어요. 아파르타멘토는 디자이너와 아티스트의 집, 스튜디오를 방문해 있는 그대로를 꾸밈없이 촬영하고 취재해 담는 매거진이에요. 앤더스의 와인 라벨 디자인처럼 만들어진 책 표지에는 이런 제목이 쓰여 있어요.

"Poetry Is Growing in Our Garden."

그의 와인 맛이 어떤지 묻는다면 이 책 제목이 멋진 대답이 될 거 같아요. "시는 우리 정원에서 자라고 있습니다."

앤더스 프레드릭 스틴은 세계 최고의 레스토랑이란 수식어만으로는 설명이 부족한 덴마크 코펜하겐의 미슐랭 레스토랑 '노마Noma'에서 소믈리에로 일했어요. 노마는 북유럽 스타일의 음식뿐만 아니라 내추럴 와인과 음식의 페어링으로도 아주 유명하죠. 노마에서 소믈리에로 활동한 후, 앤더스는 코펜하겐에 '뢸래relæ'와 '만프레즈Manfreds'라는 레스토랑 두 곳을 오픈했어요. 결과는 물론 모두 성공적이었고요.

앤더스는 2013년도에 처음 와인을 만든 후, 와이너리 「르마젤」의 제라르로부터 도움을 받아 본격적인 내추럴 와인 생산자가 되었어요. 그의 처음 계획은 한두 빈티지를 만들고 다

앤더스 프레드릭 스틴의 와인들

경험들 5 - 그래서 저는 내추럴 와인이 재미있습니다

시 돌아가 레스토랑을 운영하는 것이었는데, 아직까지 프랑스 아르데슈 지역에서 훌륭한 와인들을 만들고 있습니다.

그가 만든 와인 중에 'Cette Main Légèrement Serrée m'a Laissé Perplexe'이 있어요. 어떻게 읽어야 할지도 잘 모르겠는 이 와인의 이름은 '가볍게 쥐어진 손이 나를 당황하게 만들었습니다'라는 뜻이에요. 언뜻 들으면 이해하기 어려운데, 바로 악수를 의미합니다.

악수에 숨은 말들이 많잖아요. 반가움, 이별, 견제, 평화 등등. 이 모든 것을 염두에 두고 만든 와인이라고 해요. 가벼워 보이는 인사지만 그 안에 많은 의미가 담긴 악수처럼, 누구나 가볍게 마실 수 있으면서도 복잡한 맛의 와인을 만들고 싶었다고 해요.

또 'Hey you Girl with the brown shoes on'이라는 와인도 있는데요, 앤더스는 이 안에 담긴 의미를 이렇게 이야기해요.

"회식이나 피로연에 갈 때나 상류층 사람들은 갈색 신발을 신고 파티에 가지 않아요. 하이힐이나 딱딱한 검은색 신발을 신고 가요. 파티에서 가장 흥미로운 사람들은 갈색 신발을 신고 파티에 가는 평범한 사람들이에요. 그들이야말로 우리가 이야기 나누고 싶은 사람들이에요. 보세요! 저도 갈색 신발 신고 있잖아요."

이처럼 라벨을 하나씩 찬찬히 살펴보고, 그 안에 담긴 이야기를 따라가다보면 그 와인을 만든 생산자의 생각과 철학도 엿볼 수 있답니다.

8

스티커:
와인 병에 붙은
스티커의 비밀

V 모양 스티커가 붙은 와인은
특정 수입사에서 들여온 와인을 의미해요.

경험들 5 - 그래서 저는 내추럴 와인이 재미있습니다

'V' 스티커는 왜 붙어있을까?

저는 와인을 추천할 때 가급적 손님과 많은 대화를 나누려 해요. 일방적으로 와인 정보를 전달하기보다는 최대한 손님 개개인의 취향과 니즈를 맞추기 위해 다양한 질문을 던지고 여러 가지 질문을 받으려고 하죠. 평소 손님들이 무엇을 많이 묻는지 떠올려봤을 때 단연 이 질문을 빼놓을 수 없을 것 같아요.

"어떤 와인 병에는 V 모양 스티커가 붙어 있던데, 그건 뭐예요?"

지금 이 글을 읽는 독자 분들 가운데에는 '아~ 그거?' 하면서 이 스티커가 갖는 의미를 정확하게 아시는 분도 있을 거예요. 반대로 그동안 크게 인식하지 못했던 분들도 있을 거고요.

몇몇 와인 병 중앙에 붙어 있는 오렌지색 V 모양 스티커는 어느 내추럴 와인 수입사의 트레이드 마크입니다. V자로 시작하는 내추럴 와인 수입사에서 국내에 들여온 와인임을 나타내는 거죠. 반대로 말해 어딘가에서 이 오렌지색 V 스티커가 붙은 와인을 보면 '아, 저건 내추럴 와인이구나' 하고 생각하면 된다는 뜻입니다.

그럼 모든 내추럴 와인에 이 V스티커가 붙는 걸까요? 당연히 아니에요. 우리나라에는 V사 외에도 생각보다 많은 내추럴 와인 수입사가 있기 때문에, 단순히 V 스티커를 내추럴 와인의 판단 기준으로 삼기에는 무리가 있어요.

직장인이 이직을 하듯 뮤지션과 연예인도 소속사를 옮기죠? 국민MC 유재석 씨가 FNC엔터테인먼트에서 안테나로 소속사를 옮겼던 것처럼요. 해외에서 우리나라에 들어오는 내추럴 와인도 수입사가 바뀔 때가 있어요.

말과 노새의 힘을 빌려 포도를 기르고 기계의 도움 없이 사람 손으로만 제조하는 것으로 유명한 와인인 「도멘 요요 Domaine Yoyo」는 M 수입사에서 V사로 옮겼어요. 「도멘 드 라 팡트Domaine de la Pinte」는 수입사를 기존의 V사에서 K사로 옮겼고요. 지금도 굉장히 많은 와인 생산자들이 수입사를 바꾸고 있답니다. 다만 어느 수입사가 좋다, 나쁘다를 평가하기는 힘들 것 같아요. 모든 수입사는 각자 추구하는 자신들만의 스타일과 방향성이 있으니까요.

V 스티커 말고 우리나라에 수입되는 와인에는 다른 여러 가지 스티커가 붙기도 하는데요, 아래 두 사진을 보고 공통점을 찾아보세요.

찾으셨나요? 맞아요. 두 스티커 모두 안에 비행기 모양

이 그려져 있습니다. 비행기로 와인을 들여오는 수입사의 트레이드마크예요.

앞서 내추럴 와인의 비싼 가격을 이야기하면서 운송비용을 설명했죠. 내추럴 와인은 컨벤셔널 와인보다 변질의 우려가 높아 냉장 컨테이너로 배에 실어 수입한다고 했어요. 그런데 간혹 냉장 컨테이너를 사용하지 않고 와인을 비행기에 태워 항공으로 수입하는 회사도 있어요. 이런 스티커들은 항공 운송을 강조하는 수입사들의 표시라고 생각하면 돼요.

이밖에도 특정 수입사의 이름이 들어간 해시태그 스티커가 붙어 있는 경우도 있고, 어떤 와인들은 스티커가 와인병 중앙에 붙어 있지 않아서 눈에 잘 안 띄기도 해요.

앞으로 내추럴 와인을 즐길 때, 병에 어떤 스티커가 붙어 있는지 찾아보는 것도 하나의 재미가 될 수 있겠죠?

가리기 위해 붙인 스티커

수입사를 나타내는 것 말고도 몇 가지 다른 목적으로 스티커를 붙이는 경우가 또 있어요. 가장 먼저, 개성 있는 내추럴 와인의 라벨이 우리나라 국민 정서와는 다소 결이 맞지 않아서 스티커를 붙이는 경우가 있어요. 국민 정서라니! 예상치 못했죠?

한국보다 표현이 자유로운 나라의 경우에는 와인 병 라벨에 허용되는 선정성, 폭력성의 수위가 더 높아요. 우리나

라벨에 그려진 선정적인 그림을 가리기 위해 사용한 스티커

경험들 5 - 그래서 저는 내추럴 와인이 재미있습니다

라에 들어올 때, 라벨이 선정적이고 폭력적이라고 판단되면 이를 가리기 위해서 스티커를 붙일 때가 있어요.

그렇지만 호기심과 기대감에 와인 라벨에 붙은 스티커를 조심스럽게 떼어내고 나면 허탈함을 느낄지도 몰라요. 주관적인 의견이지만, 그런 스티커를 제거해 봐도 막상 라벨에 그려진 그림의 수위가 생각보다 그리 높지 않거든요.

정말 누가 봐도 '수위가 너무 높은데?' 하는 와인 병은 아예 라벨이 바뀌어서 수입되기도 한답니다.

밤에 남산타워에 올라 서울 시내를 내려다보면 하도 빨간색 십자가가 많아 어떤 외국인들은 한국이 기독교 국가인 줄 착각한다고 하던데, 이럴 때 보면 우리나라는 틀림없는 유교 국가인가 봐요.

유기농 마크를 가리기 위해 스티커를 붙이는 경우도 있어요. 내추럴 와인은 오가닉 또는 바이오다이나믹 방식으로 재배된 포도로 만들어져요. 간단하게 설명하면 화학 비료나 제초제 등을 사용하지 않고 유기농 방식대로 포도를 기르면 오가닉, 이것보다 한 단계 더 나아가 지구나 태양, 달 등의 변화와 주기에 맞춰 농사를 짓고 소똥 같은 천연 재료를 퇴비로 사용하면 바이오다이나믹 방식이라고 생각하면 돼요.

이처럼 포도를 기르는 방식과 양조 과정상의 첨가물 사용 여부에 따라 오가닉 와인, 바이오다이나믹 와인을 분류해요. 산화를 방지하는 이산화황 같은 첨가물 없이 양조하는 내추럴 와인 라벨에 오가닉, 바이오다이나믹 인증 마크

유기농 마크를 가리기 위해 스티커를 붙인 와인

경험들 5 - 그래서 저는 내추럴 와인이 재미있습니다

가 그려져 있는 이유예요.

하지만 우리가 내추럴 와인 바나 숍에서 만나는 실제 와인에는 이러한 마크가 가려져 있는 경우가 많아요. 원래의 와인 라벨에는 오가닉 인증 마크와 '오가닉 와인'이라는 문구가 있었는데 의도적으로 지운 거죠.

그 이유를 설명하려면 통관 이야기를 해야 해요. 오가닉 마크가 붙어 있는 상태 그대로 한국에 수입하려면 다소 까다로운 절차가 필요해요. 과거에 비해서는 절차가 많이 간소화되었지만, 그래도 소량으로 생산되는 품목을 들여오는 수입사 입장에서는 결코 쉬운 일이 아니라고 하네요.

예전에는 각국의 오가닉 인증이 통일되어 있지 않고 제각각이었는데, 그나마 이제는 미국과 유럽 연합(EU) 사이에 인증 협정이 맺어져 있어 현지에서 오가닉 인증을 받았다면 우리나라에서도 그대로 인증된다고 해요.

그럼에도 불구하고 각국의 서로 다른 언어, 각 포도 농장 사이의 의사소통 오류, 그리고 빈티지(생산 연도) 문제로 종종 예상치 못한 문제가 발생하기도 한대요.

이러한 문제가 발생하면 통관하는 데 시간이 오래 걸리고, 안 그래도 온도에 예민한 내추럴 와인이 변질될 우려가 커지겠죠? 그러다 보니 그냥 오가닉 마크를 가리고 한국에 들어오는 경우가 많습니다. 소량 생산, 소량 수입되는 내추럴 와인의 오가닉, 바이오다이나믹 마크를 가리는 이유가 바로 여기에 있어요.

'이산화황 함유', 내가 속은 걸까?

여기까지 읽고서 전에 마셨던 와인 병을 가져다 확인하고는 '뭐야, 나도 모르게 속았던 건가?' 혼란을 느낀 분들이 있을지도 모르겠어요. 분명 내추럴 와인은 산화를 막는 이산화황을 첨가하지 않거나 아주 소량만 첨가한다고 했는데, 내가 얼마 전 내추럴 와인 숍에서 사온 와인에는 '이산화황 함유' 또는 '아황산염 함유'라고 떡하니 적혀 있거든요.

내추럴 와인의 공통적 특징을 다시 한번 떠올려 볼까요?

① 포도의 재배 과정에서 어떠한 화학적 처리도 하지 않아요. 즉 살충제나 제초제, 성장제 같은 약품을 사용하지 않아요.

② 포도는 사람이 손으로 직접 수확해요. 수확 과정에서 노동 착취 같은 비윤리적인 방법을 사용한다면 그 생산자는 비난받고, 때로는 불매 운동을 당하게 될 거예요.

③ 발효 과정과 와인을 병에 넣는 병입 과정에서 와인의 산화를 막는 이산화황을 첨가하지 않거나 최소한만 첨가해요.

④ 양조시에 인공 배양한 효모를 사용하지 않아요.

⑤ 청징제(화학적으로 침전물을 만들어 걸러내는 약품)를 사용하지 않아요.

'이거 봐! 이산화황이니 이황산염이니 이런 게 있으면 안 되는 거잖아! 내가, 아니면 우리나라 수입사가 호구 잡힌 건가?' 하고 놀라실 수 있겠지만, 안심해도 돼요. 다행히 우리는 호구가 아니에요.

와인을 양조하는 과정에서 자연적으로 이산화황이라는 물질이 발생하기도 해요. 내추럴 와인이라고 해서 '이산화황 함유' 또는 '아황산염 함유'라는 문구 없이 수입했는데, 만약 식약청에서 그 와인을 검사했더니 이산화황이 조금이라도 검출된다고 가정해 볼까요? 당연히 문제가 될 거예요. 그럼 어떻게 되냐고요? 해당 와인은 전량 폐기 처리돼요.

즉, 인위적으로 이산화황을 넣지 않아도 와인 양조 과정에서 자연적으로 소량 발생하니 미연에 리스크를 방지하고자 '이산화황 함유' 또는 '아황산염 함유'라는 문구를 적을 수밖에 없는 거죠. 우리가 내추럴 와인이라고 속아서 구매하고 잘못 마신 게 아닙니다.

평소에 대수롭지 않게 넘어갔을 와인 병 하나에도 이렇게 여러 숨겨진 의미가 있답니다.

9

소비:

힙과 유행을 넘어

하나의 장르이자 문화로

단순히 지나가는 유행이 아닌 이유

제가 운영하는 와인 숍에서 내추럴 와인 시음 행사를 진행한 적이 있어요. 특정 브랜드나 수입사의 홍보를 위한 무료 행사는 아니었고, 요즘 내추럴 와인 생산지로 새롭게 주목받고 있는 프랑스 알자스 지역의 다양한 화이트 와인을 시음하며 이야기를 나누는 자리였어요. 감사하게도 빠르게 모집이 마감됐는데, 인스타그램과 카카오 채널로 예약하는 방식이라 당일까지 행사에 참석하는 분들의 기본 정보조차 전혀 알 수가 없었죠.

기대하던 시음회 행사 당일. 저는 20~30대 분들이 올 거라고 예상했는데, 생각보다 훨씬 다양한 연령대의 손님들이 참석해서 놀랐습니다. 또 연령대뿐만 아니라 참석한 분들의 내추럴 와인에 대한 경험 그리고 컨벤셔널 와인에 대한 경험이 전부 다른 점도 무척이나 흥미로웠어요.

내추럴 와인이 단지 지금 한창 유행하는 중이고 힙한 와인으로 포장된 덕에 다들 마시는 거라 여기는 사람이 있다면, 이날 진행된 시음회의 분위기를 꼭 보여주고 싶을 정도로요.

곰곰이 생각해보니 그 시음회 날 훨씬 전부터 저희 와인 바에서도 비슷한 변화가 이미 일어나고 있었더라고요. 제가 운영하는 와인 바는 을지로와 충무로 사이, 이른바 '힙지로' 골목에 자리 잡고 있어요. 2층까지 좁은 계단을 뚫고 올라와야 만날 수 있고, 약 400여 종의 다양한 내추럴 와인리스트를 보유하고 있어요.

원래는 힙지로를 즐기는 20~30대 분들 그리고 자타공인 내추럴 와인 마니아 분들이 주로 찾는 비밀스러운 아지트 같은 공간이었는데, 시간이 지나며 40~50대 분들의 방문이 꾸준히 늘어나고 있습니다. 해가 갈수록 더 빠르게 증가하고 있어요. 개인적으로 가장 신기하면서 놀랍다고 느꼈던 포인트는 40~50대 손님의 재방문율이에요.

저희 매장은 길을 지나다가 호기심에 들어오기에는 입구도 찾기 어렵고, 좁은 계단으로 2층까지 올라와야만 발견할 수 있어요. 그래서 처음에는 연령대가 높은 손님들의 방문이 그저 신기했어요. 전혀 예상하지 못했던 고객층이었거든요. 40~50대 분들이 내추럴 와인을 즐기기 위해 반복해서 다시 가게를 찾아오고, 그런 분들은 점점 더 늘어나고 있습니다.

단순히 내추럴 와인이 힙해서 경험하러 오는 게 아니라, 그동안 컨벤셔널 와인을 주로 즐기다가 전혀 다른 매력의 내추럴 와인에 빠져 그 자체를 경험하러 오시는 분들이 많아지고 있어요. 연령, 직업 상관없이요.

어떤 50대 남성 고객은 자신이 좋아하는 내추럴 와인 생산자의 와인이 입고되면 꼭 자기에게도 연락해달라고 부탁까지 할 정도죠. 그분은 이제 내추럴 와인의 특성상 수량이 아주 적다는 사실을 잘 알고 있거든요. 이런 모습을 보면 내추럴 와인이 단순한 힙과 유행의 영역을 넘어 이제는 하나의 장르 혹은 문화가 되어가고 있는 것 같아요.

틀을 벗어난 맛

지금까지 시중에 나와 있는 거의 대부분의 와인 가이드, 서적, 블로거, 유튜버들은 와인을 이런 방식으로 설명해요. '어느 지역의 어느 품종의 와인은 이런 맛, 이런 향이 특징이다.' 예를 들면 이런 식이에요. "부르고뉴 지역의 피노 누아 품종으로 만든 레드 와인은 과일향이 풍부하고, 미디엄 정도의 바디를 가집니다. 아주 섬세하고 부드럽죠."

물론 포도가 자라는 지역과 포도의 품종이 와인의 맛과 향에 미치는 영향은 매우 크고 중요해요. 하지만 모든 와인을 정의하고, 일정하게 규범화할 수 있다고 믿는 것은 와인에 대한 우리의 사고를 좁고 편협하게 만드는 성급한 일반화이자 권위적인 오만이라고 생각합니다.

어떤 한 사람을 특정 틀에 맞춰 정의하고, 그것을 규범화한다면 어떨까요? 지역, 성별, 성장 배경, 학벌 등으로 사람을 일반화한다면요? 온몸에 소름이 돋을 정도로 끔찍한 상상 같지만, 그동안 인류는 정말 끔찍하게 생각하고 행동하면서 살아왔어요.

앞서 말씀드린 시음회로 다시 돌아가 볼게요. 당일 행사를 진행할 때, 같은 품종으로 만든 서로 다른 두 생산자의 와인을 나란히 마시는 시간도 가졌어요. 프랑스 알자스 지역의 리슬링 품종으로 만든 화이트 와인이었는데, 두 와인의 생산자는 내추럴 와인 업계에서 유명하고 존경받는 생산자들이었습니다. 제라르 슐러Gérard Schueller와 피에르 프릭Pierre Frick이었어요. 두 사람 모두 내추럴 와인의 거장으로 꼽히는 유명한 메이커죠. 손님들의 반응과 평가는 어땠을까요?

내추럴 와인 경험이 많은 참여자는 유명한 생산자의 와인을 마실 수 있게 됐다고 즐거워했어요. 반대로 컨벤셔널 와인 경험이 더 많았던 참여자는 새로운 경험을 해서 좋다고 했죠.

특히 상대적으로 내추럴 와인 경험이 적은 분들은 같은 품종으로 만든 두 가지의 와인이 이렇게나 다른 느낌을 준다는 점을 가장 흥미롭고 재미있게 여겼어요. 두 생산자들의 개성이 각각 제대로 느껴져서 흥미롭다는 말도 덧붙였고요. 결코 누가 더 잘 만들었고, 어느 와인이 이게 좀 부족하다는 식의 평가가 아니었습니다.

유행을 넘어 문화가 되려면

갑자기 다른 얘기처럼 들릴 수 있지만, 혹시 명절에 친척들과 TV를 본 적 있나요? 추석이나 설날이면 친척들이 다 같이 모일 때가 있는데, 오랜만에 모이면 대화가 자주 끊기기 마련이잖아요.

어색함과 적막함을 깨려고 커다란 TV 화면을 켜서 채널을 돌리면 당황스러울 때가 있어요. 트로트, 트로트, 가끔 씨름, 아이돌 달리기, 그리고 다시 트로트, 트로트의 반복입니다. 채널을 돌려도 전부 비슷한 내용이 나오는 명절의 TV. 하루 24시간, 1년 내내 이런 TV 프로그램이 편성돼 방송된다면 어떨까요? 문화를 소비하는 주체인 대중은 지치고 피로해질 거예요. 시간이 흐르면 자연스럽게 유행은 지나가버리겠죠.

이러한 문화의 폭발적인 과소비는 내추럴 와인에서도 일어날 수 있습니다. 현재 진행형으로 일어나고 있을 수도, 어쩌면 이미 일어났을 수도 있고요. 대한민국 전 국민 입에 내추럴 와인이 오르내리고, 목으로 넘어가는 일은 물론 일어나지 않았지만, 많은 사람들 귀에 내추럴 와인에 대한 이야기가 들어간 건 사실 같아요.

단순히 유행만으로 확산되는 현상은 장점보다 단점이 더 많은 거 같아요. 빠르게 소비되고 난 후 오히려 좋지 않은 추억으로 남을 수도 있죠. 내추럴 와인이 유행이라고 해서 모임에서 예산보다 더 많은 돈을 지출했을 수도 있고, 취향에 맞지 않는 스타일의 와인을 마셨을 수도 있어요. 왜냐하면 내추럴 와인이 유행이니까요. 여러 번 같은 일이 반복된다면 우연이라 할 수 없듯이, 내추럴 와인이 유행이라기에 접했는데 매번 나쁜 경험을 한다면 문화 현상이 되기는 어려울 거예요.

저는 내추럴 와인이 잠깐 유행하다 사라지는 게 아니라 더 많은 사람들이 향유하고 발전시켜 가는 하나의 장르이자 문화가 되기를 바랍니다. 그래서 자신만의 특성과 정체성이 명확한 다양한 와인을 매장에 들여오고 있어요. 내추럴 와인 가격이 낮은 것도 아니고, 최대한 손님 개개인의 상황이나 기분, 취향에 최적화된 와인을 제공할 수 있어야 한다고 믿거든요. 그렇게 기분 좋은 경험을 한 손님이 많아져야 다음에 내추럴 와인을 다시 찾고, 문화로 자리 잡을 수 있을 거예요.

하지만 '취향대로 즐겨 보세요'라고 백날 말만 한다고 내추럴 와인을 한 번도 경험하지 못한 분들이 하루아침에 내추럴 와인의 매력을 이해할 수는 없을 거예요. 여러 가지를 시도하고 경험해봐야 하는 건 알겠는데, 그래서 내게 맞는 와인을 어떻게 찾으라는 건지 막막하니까요.

이번엔 아직 내추럴 와인이 익숙하지 않은 소비자 입장에서 내추럴 와인을 더 재밌게, 즐겁게 즐길 수 있는 방법을 알려드릴게요.

10

세라기아:
지금 여의도에서
가장 핫한 와인의 비밀

'화살표 와인'이 힙해진 이유

'원소주WON SOJU'를 만드는 박재범이나, '818 데킬라'를 만드는 켄달 제너Kendall Jenner 못지않게 힙한 내추럴 와인 메이커가 있어요. 바로 가브리오 비니Gabrio Bini입니다.

힙스터 같은 흰 콧수염과 오각형 안경이 트레이드마크인 가브리오 비니는 내추럴 와인 세계에서 가장 카리스마 있고 인기 많은 와인 생산자 중 한 명이에요. 컨벤셔널 와인의 성지라 불리는 여의도에서 요즘 가장 힙한 와인 중 하나가 그가 만든 내추럴 와인이랍니다. 도무지 쉽게 구할 수 없어서 전국의 내추럴 와인 숍들이 수소문하는 바로 그 와인이죠.

그의 와인이 요즘 왜 여의도에서 인기인지, 어떻게 하면 힙한 내추럴 와인이 일종의 문화이자 장르가 될 수 있는지 얘기해볼까 해요. 내 취향에 딱 맞는 와인 고르는 팁도 알려드리겠습니다.

가브리오 비니는 밀라노에서 성공한 건축가였습니다. 그는 1990년대에 판텔레리아Pantelleria 섬 어느 작은 포도밭과 사랑에 빠지게 됐고, 2000년대 초반에 「세라기아Serragghia」라는 와이너리를 만들었어요.

판텔레리아라는 지명이 다소 낯설 듯합니다. 이곳은 지중해 한가운데에 위치한 아주 작은 섬이에요. 행정 구역상 이탈리아 시칠리아 지역에 속하지만 실제 거리로는 북아프리카와 가깝고, 튀니지 해안과는 겨우 60킬로미터밖에 떨어져 있지 않아요.

판텔레리아는 아주 작은 화산섬이기 때문에 특유의 환경, 즉 테루아를 포도에 제공합니다. 이 섬에는 강한 바람이 끊임없이 불어온다고 해요. 강한 바람은 자연적으로 공기를 건조해 일체의 화학 약품 없이 포도밭의 습기를 조절할 수 있게 해줍니다. 병충해 방지에도 도움이 되고요. 거친 지형의 이 섬에서 포도밭은 높은 고도의 계단식 구조로 만들어질 수밖에 없는데요. 직접 손으로 포도를 재배하고 수확해야 하고, 기계 없이 말의 도움만으로 작업한다고 해요.

이토록 고유한 테루아, 힘든 포도 재배 과정만큼 흥미로운 점이 또 있어요. 세라기아 와이너리는 완전히 전통적인, 장인의 방식으로 와인을 양조한다는 거예요.

앞서 오렌지 와인을 설명하면서 조지아 와인과 암포라, 그러니까 와인을 담는 커다란 항아리에 대해서 이야기했어요. 발효, 침용 및 숙성 모두 포도나무가 자라고 있는 동일한 땅에 묻힌 암포라에서 하고 있다고요.

가브리오 비니는 200리터에서 1000리터까지 다양한 크기의 오래된 암포라를 사용합니다. 그중 일부는 만들어진 지 400년도 더 된 것들이라고 해요.

그가 만든 와인이 왜 요즘 여의도에서 사랑받고, 많은 사람이 그 와인을 구하고 싶어 안달이 났을까요? 아무래도 와인 라벨 이야기를 안 할 수 없어요.

세라기아 와이너리의 와인 병은 다른 와인 병보다 길쭉

세라기아의 와인. 우상향을 연상시키는 화살표가 특징입니다.

**경험들 5 - 그래서 저는 내추럴 와인이 재미있습니다

해요. 역시 세로로 길쭉한 모양의 라벨에는 긴 화살표가 하늘을 향해서 뻗어 있고요. 마치 주식과 가상화폐 거래창의 화살표처럼 '우상향'을 가리키고 있는 거죠.

특별한 자연 환경에서 와인을 만드는 힙스터 할아버지, 전통적인 장인 정신으로 만들어진 와인, 그리고 우상향이 연상되는 기다란 화살표 모양의 라벨. 이게 바로 가브리오 비니가 만드는 세라기아 와인이에요.

무엇보다 세라기아에서 만드는 와인의 맛과 향은 정말 뛰어나요. '어나더 레벨'이기에 너도나도 구하고 싶어 하고 마시고 싶어 하죠. 이런 아이코닉한 와인은 만나기 쉽지 않아요. 왜냐하면 세라기아 와이너리는 매년 약 1만 병의 와인만 생산하고, 특히 100년 된 포도나무에서 자란 포도로 만든 와인은 1년에 단 600병만 생산하거든요.

세라기아의 와인이 인기 있는 이유를 수학 공식으로 표현하면 '(힙한 할아버지 생산자+특별한 자연환경+전통적인 장인 정신+뛰어난 맛과 향+독특한 병과 라벨) × 주식과 가상화폐 우상향의 믿음 × 한정 수량 = 힙' 정도가 되겠네요.

나와 딱 맞는 와인을 만나는 방법

여의도에서도 이런 '힙한 와인'이 인기일 만큼, 내추럴 와인은 확실히 트렌드로 부상했어요. 내추럴 와인이 한때의 유행을 넘어 하나의 문화이자 장르가 되려면 어떻게 해야 할까요?

저는 판매자, 소비자 모두의 입장에서 내추럴 와인에 바라는 점이 있어요. 우선, 와인 가격이 내려가면 좋겠다는 거예요. 내추럴 와인의 가격이 높은 이유는 이미 설명했는데요, 유통 마진 문제도 있지만, 개인적으로는 다른 나라보다 높은 주류의 세금 체계가 바뀌면 조금 더 합리적으로 와인을 즐길 수 있을 거라고 생각해요.

그리고 무엇보다 중요한 건 더 많은 사람들이 맛과 향이 다양한 내추럴 와인 중에서 자신의 취향에 딱 맞는 와인을 고르고 마시는 경험을 할 수 있어야 합니다.

사실 와인 고르는 일이 쉽지는 않아요. 어려운 일은 전문가에게 맡기세요! 와인을 추천하고 판매하는 분들은 언제나 준비가 되어 있어요. 와인을 고르는 일은 회사의 면접 자리도 아니고 명절날 어려운 어르신과의 대화도 아니에요.

취향에 맞는 와인을 추천받아 고를 수 있도록 몇 가지 팁을 알려 드릴게요.

① 와인 숍에서

먼저, 선물용 와인인지 내가 마시려 사는 와인인지 이야기하면 좋아요. 원하는 가격대를 이야기하면 더 좋고요.

선물하는 경우라면 상대방 나이와 성별에 맞춰서 추천을 받을 수 있어요. 본인이 마실 예정인 경우에는 이 와인을 혼자 마실지 아니면 여러 명이 함께 마실지 알려주면 좋아요. 혼자 마신다면 한 번에 다 마시지 않고 천천히 즐기기에 좋은 와인을 추천받을 수 있고, 여럿이 마신다면 함께 즐기기에 더 좋은 와인을 추천받을 거예요.

같이 곁들여 먹을 음식을 이야기하는 것도 좋습니다. 식후에 이야기하며 가볍게 마실 건지, 혹은 회, 고기, 치킨, 피자, 마라탕 등 어떤 음식을 먹으며 마실 건지. 그러면 최대한 음식과 분위기와 어울리는 와인을 추천받을 수 있어요.

화이트 와인이 좋은지 레드 와인이 좋은지를 먼저 이야기할 필요는 없어요. 평소에 어떤 와인을 좋아하고 마시는지까지 굳이 설명할 필요가 없다는 의미죠. 와인에 대해 잘 알고 가야 한다는 부담과 걱정을 내려두시고 내가 원하는 와인에 대해 그냥 편하고 솔직하게 이야기하면 됩니다.

만약 이렇게 이야기했는데 와인 숍에서 잘 모르겠다고 하면 어떻게 하냐고요? 그냥 문밖으로 나오면 됩니다. 우리의 취향에 맞춰서 추천을 도와줄 와인 숍은 다른 곳에도 이미 많으니까요.

② 와인 바 혹은 레스토랑에서

이전의 내추럴 와인 경험을 이야기하면 좋아요. 컨벤셔널 와인을 즐기시는 분은 평소 컨벤셔널 와인의 어떤 점이 좋은지, 내추럴 와인의 어떤 점이 좋거나 어려웠는지를 이야기하면 추천을 해드릴 거예요. 내추럴 와인이 처음이거나 경험이 적다면 그에 맞는 와인을 추천받을 수 있고요.

지금 자리가 1차인지 2차인지 3차인지 알려주는 것도

좋아요. (물론 3차나 4차로 오는 분들은 티가 나긴 하지만요!) 왜냐하면 안주에 곁들여 마실지, 식사하며 마실지에 맞춰 와인을 추천해야 하니까요. 직전에 다른 데서 마시고 온 술의 종류에 따라 섬세한 와인 혹은 강렬한 와인을 추천받을 수도 있습니다.

해당 바 혹은 레스토랑에서 먹어보고 싶었던 음식이 있다면, 그 음식과 어울리는 와인을 추천받는 방법도 좋아요.

만약 이렇게 이야기했는데 와인 바에서 잘 모르겠다고 하면 어떻게 하냐고요? 마찬가지로 바로 문밖으로 나오면 됩니다. 소중한 돈과 시간을 허투루 쓸 수는 없죠!

내추럴 와인을 조금 더 힙하게 즐기는 방법도 있어요. 바로 시음 행사예요.

'살롱 오Salon O'라는 큰 규모의 내추럴 와인 시음회가 있어요. 코로나19로 중단됐다가 2023년 4회가 개최되며 재개되었습니다.

최근에는 다른 시음 행사도 차츰 늘어나는 추세예요. 살롱 오만큼 큰 행사는 아니더라도 소규모의 시음 행사가 늘어나고 있어요. 조금만 품을 팔면 다양한 내추럴 와인을 시음해 보면서 취향에 맞는 내추럴 와인을 찾을 수 있습니다. 생산자의 개성과 철학이 고스란히 와인에 담기는 내추럴 와인의 매력을 더 깊이 느껴보는 거예요.

11

생산자:
와인 맛을 좌우하는
역량과 소신, 그리고 열정

매장을 방문한 손님이나 외부 업무로 만난 클라이언트와 대화하다 보면 저의 '출신'을 궁금해하는 분들이 꽤 많아요. 어디서 술을 배웠는지(성인이 되었을 때 주도를 가르쳐준 사람이 누군지를 묻는 건 아니에요), 어느 업장에서 일했는지 등을 묻곤 하죠.

저는 소믈리에 출신이 아니에요. 식음료 관련 대학을 졸업하거나 바텐더학과 같은 관련 전공을 한 것도 아니고요. 대신 혼자 와인을 탐구해 나가면서 블로그에 직접 마신 와인의 사진과 생산자, 지역, 품종, 감상 등을 하나씩 정리했어요. 그렇게 기록으로 남긴 와인이 지금은 거의 900종이 다 되어가요.

많은 분이 제 개인적인 이야기를 궁금해하고 흥미롭게 여기는 것처럼, 내추럴 와인을 만드는 사람들의 이야기도 자세히 들여다보면 아주 재미있답니다.

모든 양조자가 처음부터 내추럴 와인을 만든 건 아니에요. 다양한 계기를 통해서 와인에 빠져들었고, 그 열정과 사랑으로 와인을 만들고 있죠. 메이커들의 열정과 소신, 재능은 와인 맛에 영향을 끼치기도 합니다.

파르티다 크레우스: 건축가 출신 부부의 은퇴 성공담

앞서 가브리오 비니 할아버지를 소개해드렸어요. 그는 건축가 출신의 와인 메이커였는데, 여기 건축가 출신 커플이 만든 와이너리가 한 곳 더 있어요. 이탈리아 피에몬테 지역 출신의 건축가 커플, 마시모 마르키오리Masiimo Marchiori와 안토넬라 게로사Antonella Gerosa가 만든 「파르티다 크레우스 Partida Creus」입니다.

이들은 좀 더 느린 삶을 위해 바로셀로나를 떠나 바익스 페네데스Baix Penedès로 이주했어요. 페네데스는 바르셀로나 에서 멀지 않은 유명한 와인 산지예요. 평화롭고 여유로운 일상에서 이 커플에게 단 한 가지 마음에 걸렸던 점은, 좋은 내추럴 와인이 없다는 것이었죠. 그들은 직접 와인을 만들기 시작했어요.

오래되고 버려졌던 포도밭을 찾아 매입했고, 오래전부터 재배되던 지역 도착 품종들을 사용해 두 사람만의 방식으로 내추럴 와인을 만들고 있죠.

그 지역 주민들은 아마도 이주해 온 이탈리아 부부가 제정신이 아니라고 생각했을 거예요. 사람들에게 익숙하지 않은 토착 품종으로 와인을 만들고, 심지어 오래되어 수확량도 적은 나무에서 나온 포도로 와인을 만들겠다고 했으니까요.

하지만 결과는요? 큼지막한 알파벳 두 개를 도장 찍은 듯한 라벨로 유명한 이 와인은 한국에서는 없어서 못 마시는 와인이 되었어요. 「파르티다 크레우스」 와이너리는 행복한 슬로우 라이프를 찾아 은퇴한 건축가 출신 부부의 현재진행형 성공 스토리예요.

파르티다 크레우스의 와인

경험들 5 - 그래서 저는 내추럴 와인이 재미있습니다

필립 파칼레: 양조 집안 출신 금수저,
혹은 열정적인 천재 양조가

필립 파칼레Philippe Pacalet는 프랑스 보졸레 지역에서 오랫동안 와인을 만들어온 유서 깊은 가문에서 태어났어요. 그는 대학에서 생물학과 와인 메이킹을 전공했고, 특히 자연 효모에 대한 이해가 뛰어난 와인 메이커예요. 즉, 내추럴 와인 메이킹 분야의 지식인이라 할 수 있죠.

그는 프랑스 론Rhone 지역의 유명 와이너리「샤또 하야스 Chateau Rayas」와 부르고뉴Bourgogne 지역의 꼬뜨 드 뉘Cote de Nuits 에 위치한 와이너리「도멘 르로이Domaine Leroy」에서 연수를 받았어요. 또「도멘 프리에르 로크Domaine Prieure Roch」에서 10년간 양조 책임자를 지냈고요.

세계에서 제일 비싼 와인인 '로마네 콩티'를 만드는「도멘 드 라 로마네 콩티Domaine de la Romanee Conti」에서 와인 메이커로 스카우트 제의를 계속해서 받았음에도, 자신의 와인을 만들겠다며 거절한 것으로도 유명해요. 그의 와인은『신의 물방울』이라는 만화책에도 소개된 바 있답니다.

한 가지 재미있는 건 필립 파칼레가 보졸레의 전설, 내추럴 와인의 선구자라 불리는 막셀 라피에르Marcel Lapierre의 조카라는 사실이에요.

'와인 금수저 아니야?'하는 생각이 들 수도 있겠지만, 필립 파칼레의 스토리를 듣다 보면 열심히 배우고 노력하는 본인의 의지가 대단해요. 그는 자신의 와인을 만들기 위해 세계 최고 와이너리의 제안을 거절할 자신감을 가졌고, 본인만의 철학을 드러내는 내추럴 와인을 만드는 생산자입니다. 이미 엄청난 성공을 거두었지만, 그의 커리어와 성공은 여전히 현재 진행형이고요.

건강한 포도밭을 만드는 생산자들의 노고

제가 생산자들을 소개해드린 건 단순히 그들의 성공 스토리가 대단해서가 아니에요. 내추럴 와인을 이해하는 데에 생산자(와이너리)만큼 중요한 것이 없거든요.

흔히들 와인에 대해서 이야기할 때 테루아가 중요하다고 말해요. 앞에서 설명했듯 테루아는 본래 '지구'를 뜻하는 프랑스어에서 파생된 단어로, 특정 연도에만 나타나는 독특하면서도 다른 땅에서는 표현할 수 없는 요소들의 조합을 의미해요. 간단하게 정리하면 포도가 자라는 땅, 그리고 거기서 일어나는 모든 일을 가리키죠.

물론 와인에 있어 테루아는 중요하지만, 그에 앞서 포도를 와인으로 만드는 건 사람이에요. 당연히 와인 생산자의 역량을 무시할 수 없습니다. 학생의 열정과 좋은 교육 환경도 필요하지만 학생과 잘 맞는 선생님의 역할이 중요하듯, 강인한 생명력의 포도와 좋은 재배 환경에는 포도를 와인으로 만드는 생산자의 역량이 중요합니다. 와인 양조 과정을 살펴보면서 생산자의 중요성을 더 자세히 이야기해 볼게요.

자, 여기 나무에서 포도가 자라고 있어요. 이 포도는 무럭무럭 자라서 훌륭한 와인이 될 거예요. 왜냐하면 하루도 거르지 않고 밭에 나와 포도만 생각하는 생산자가 있거든요. 포도나무는 강인한 생명력이 있지만 매우 민감한 친구예요. 포도 열매는 습도와 일조량에 민감하고, 병충해에 아주 취약해요.

내추럴 와인은 병충해와 포도 껍질에 살고 있는 효모, 그리고 이 모든 생태계를 말살시키는 화학 성분을 사용하지 않아요. 그러다 보니 포도 자체가 건강해야 해요. 농부는 건강한 포도를 키워내기 위해 자기 삶의 대부분을 포도밭에서 보내야 하죠. 그들은 포도밭을 화학 성분 없이도 선순환하는 유기체로 만들기 위해서 많은 시간을 쏟아부어요. 많은 생산량보다는 오로지 건강하고 좋은 포도를 위해서요.

포도나무 한 그루에서 나오는 포도송이의 수는 품종과 나무 나이에 따라 차이가 있지만, 한 나무에서 100송이의 포도가 자라는 것보다는 50송이의 포도가 자라는 것이 더 생명력 있는 열매를 만든다고 해요. 남은 열매에 양분과 에너지를 집중시키기 위해 농부들은 가지치기를 통해 포도송이 수를 줄입니다. 우리의 인생처럼 포도나무에서도 선택과 집중이 중요한 셈이죠.

포도를 언제 수확하는지도 매우 중요해요. 잘 익은 포도를 수확해서 와인을 만들어야 하는 건 당연하지만, 생산자는 얼만큼 익은 포도를 수확할 것인지 신중하게 결정해야 합니다. 포도의 당도를 끝까지 올려서 수확할지, 아니면 적

당한 당도에서 수확할지 선택해야 해요. 자칫 수확이 늦어졌다가는 상한 포도를 만날 수도 있으니까요. 그래서 와인 생산자는 밭에서 포도와 대화하며 본인이 생각하는 제일 좋은 시기를 기다리는 인내심과 결단력, 판단력을 갖춰야 해요. 이것들은 오로지 경험과 직관에서 나오고요.

또한 포도는 줄기, 껍질, 과육, 씨앗으로 이루어져 있는데, 와인을 만들 때 과육만 사용하는 것이 아니에요. 오렌지 와인처럼 껍질까지 사용해서 만들기도 하죠. 이 과정에서 포도 껍질을 얼마나 담가두는지(침용하는지)에 따라서도 와인 맛이 달라져요. 포도를 으깨는 정도도 매우 중요해요. 포도를 어떻게, 얼마나 으깨 침용하느냐에 따라 결과는 아주 다르게 나타나거든요.

어떤 포도 품종을 고르고, 노하우를 어떻게 발현하느냐에 따라 맛과 향이 달라지는 내추럴 와인. 가장 중요한 건 생산사의 역량과 소신, 열정이라 할 수 있습니다.

기후:
폭염에 포도 농사가 망하면
와인을 못 만들까?

기후 위기 시대의 내추럴 와인

2022년에는 전 세계에 폭염이 몰아닥쳤는데, 이런 기후 변화가 포도 농사에 큰 영향을 미쳤어요. 와인도 예외는 아니고요.

앞서 내추럴 와인을 정의하며, 컨벤셔널 와인과 비교해 봤습니다. 내추럴 와인과 달리, 컨벤셔널 와인과 유기농 와인은 양조할 때 첨가물을 넣는다고 말씀드렸어요. 대량으로 생산하고 일정한 맛을 유지하려면 인증된 화학 첨가물은 피할 수 없는 선택이에요.

하지만 이런 선택을 할 수 없는 내추럴 와인 생산자는 변화하는 기후에 어떻게 대응해야 할까요?

농작물은 적절한 생육 온도가 필요해요. 포도도 마찬가지죠. 물론 포도 품종에 따라서 적절한 생육 온도는 달라요. 추운 지방에서 잘 자라는 품종이 있고, 따뜻한 지역에서 잘 자라는 품종도 있어요.

하지만 지구온난화가 가속화하면 그 지역에서 잘 자라는 포도의 품종이 바뀔 거예요. 이미 바뀌고 있을 수도 있고요. 가까운 예로 바닷물 온도가 올라가면서 이제 한국 앞바다에서 잡히는 물고기 종류가 예전과 달라졌어요. 제주도에서만 재배된다고 생각했던 감귤이 남해안에서 재배되고 있고요. 우리가 사랑하는 내추럴 와인은 앞으로 어떻게 될까요? 맛도 계속 달라질까요?

얼마 전 내추럴 와인 시음회를 갔다가 단일 품종으로 만든 화이트 와인의 종류가 적어진 게 눈에 띄게 보였어요. 우연인지 일시적인 현상인지 기후 변화의 영향인지 아직 예단할 수 없지만, 걱정하지는 않아요.

우리에게는 지구를 사랑하고, 지구만큼 와인을 사랑하는 와인 생산자들이 있으니까요. 내추럴 와인 생산자를 생각하니 영화 「인터스텔라」의 명언이 떠오르네요.

"우리는 답을 찾을 것이다. 늘 그랬듯이."

실제로 첨가물 없이 와인을 만드는 내추럴 와인 생산자들은 기후 변화를 민감하게 받아들이고 있어요. 건강한 포도나무를 기르려고 노력하고, 기후에 적응하는 포도 품종을 심고 지역에 맞는지 검증해요. 그렇게 길러낸 건강한 포도를 블렌딩하고 침용해보는 실험도 거듭하고 있어요.

이처럼 생산자들은 생산량뿐만 아니라 맛과 품질이 더 좋은 포도를 기르기 위해 노력하지만, 농사는 풍년일 수도 흉년일 수도 있죠. 그렇다면 화학제품을 사용하지 않는 내추럴 와인은 매년 맛이 달라질까요?

와인의 빈티지

사실 매년 와인의 맛이 달라지는 것은 내추럴 와인뿐만 아니라 컨벤셔널 와인에서도 똑같이 일어나는 일이에요. 와인에는 '빈티지'가 존재해요. 빈티지란 와인의 재료인 포도가 수확된 해를 뜻해요. 와인 라벨에 2018이라고 쓰여 있으면 2018 빈티지라고 부르고, 2018년도에 수확한 포도로 만든 와인이라고 이해하면 돼요.

그런데 농사가 잘된 해도 있고, 잘 안 된 해도 있겠죠? 농사가 잘된 연도는 '그레이트 빈티지Great Vintage'라고 부릅니다. 그레이트 빈티지의 반대말은……, 흔히 '망빈'이라고 일컫긴 하는데 굳이 자주 언급하지는 않는 것 같아요.

그럼 빈티지는 왜 표기하는 걸까요? 만약 포도의 수확 연도가 쓰여 있지 않으면 다른 연도에 수확한 포도를 섞어 만들었을 수 있어요. 물론 냉장고에 넣어 보관하던 포도를 사용해서 섞는 것이 아니라, 와인 원액 상태로 섞어서 만들지만요. 이런 경우, NVNon-vintage라고 표기하거나 아예 빈티지 표기를 안 하기도 해요.

내추럴 와인을 마실 때에도 어떤 경우에는 라벨에 빈티지가 표기가 안 되어 있을 때가 있더라고요. 처음엔 다른 해에 수확한 포도의 원액을 섞어서 만들었겠거니 했는데, 코르크 마개를 열어보니 거기에 빈티시가 쓰어 있었어요.

이건 제 추측인데, 내추럴 와인이 워낙 생산 수량이 적다 보니 빈티지가 적힌 와인 라벨을 사용하지 않는 게 아닐까 싶어요. 매년 소량만 생산하는데 와인 라벨에 빈티지를 써서 출력하면 다음 해엔 못 쓰니 인쇄 비용이 더 들 수 있으니까요.

다시 맛에 대한 이야기로 돌아와서, 같은 라벨의 와인일지라도 빈티지마다 맛이 다른 건 당연해요. 와인은 농작물인 포도로 만들기에 작황에 따라 맛이 달라질 수밖에 없어요. 특히 화학제품과 첨가물질을 사용하지 않는 내추럴 와인은 이 점에서 비난을 피할 수가 없죠.

"맛이 매번 다른 와인을 뭐 하러 마셔?"

그렇다고 해서 내추럴 와인 생산자가 매년 달라질 수밖에 없는 포도 농사와 이에 휘둘릴 수밖에 없는 와인 메이킹에 아예 손을 놓고 있는 건 아니에요. 그들에게 와인은 얼굴과 이름을 걸고 만드는 브랜드이자 그들 자신과도 같으니까요. 자신만의 생각과 노력이 담긴 작품이기에, 생산자들에게 대충이라는 단어는 존재하지 않아요.

생산자들이 찾아낸 답

내추럴 와인을 공산품이 아닌 수제 공예품으로 이해하고, 내추럴 와인 생산자를 공예품을 만드는 장인으로 바라보면 이해하기 쉬울 거 같아요. 매번 수작업을 하면서도 최대한 좋은 품질, 균일한 품질의 와인을 만들기 위해 노력하는 사람들인 거죠.

내추럴 와인 생산자들은 포도 품종을 섞되, 그 비율을 다르게 해서 자신의 브랜드 와인이 동일한 맛을 내도록 만들려고 노력하고 있어요. 여기서 브랜드는 라벨이 같거나 이름이 동일한 와인을 이야기해요.

스타벅스의 싱글 오리진 원두가 아닌, 블렌딩 원두를 예를 들면 이해하기가 쉬울 거 같네요. 더 구체적으로 설명하자면, 세계 커피 농사의 작황도 매년 다를 거예요. 그래서 스타벅스는 원두의 블렌딩 비율을 바꾸죠. 2021년 케냐 AA와 2022년 케냐 AA의 원두 맛이 다르기에, 스타벅스는 매년 원두의 비율을 바꿔 원하는 맛의 블렌딩 원두를 생산해요.

내추럴 와인이 재미있는 이유 중 하나는 같은 품종을 블렌딩하는 경우도 있다는 거예요. 예를 들어 2019년, 2020년의 단일 품종 포도를 블렌딩해서 와인을 만들기도 해요. 서리 피해가 자주 있는 지역에서는 매년 달라지는 포도 농사를 보완하기 위해 같은 품종의 포도를 블렌딩하죠. 이렇게 하면 최악의 '망빈'은 피할 수 있거든요.

그렇다면, 블렌딩하지 않고 단일 품종으로만 와인을 만들 때는 어떤 방법으로 작황 위기를 극복할까요?

사람들이 사업이나 장사를 할 때 처음부터 돈을 다 모아서 시작하기도 하지만, 은행에서 대출을 받거나 지인과 가족에게 돈을 빌려 시작하기도 합니다. 자금 상황이 어려울 때도 마찬가지로 외부에서 돈을 빌려 위기를 탈출하고요. 와인 사업도 큰 틀에서는 같아요.

올해 포도 농사가 망했다면 좋은 포도를 사와서 와인을 만드는 방법도 있어요. 다행히 내추럴 와인을 만들 수 있는 포도가 점점 많아지고 있어요. 실제로 매년 유기농, 바이오다이나믹 농법으로 농사를 짓는 비율도 늘어나고 있고요. 지속 가능성을 추구하는 내추럴 와인 생산자들의 선한 영향력일 수도, 포도를 조금 더 비싼 값에 팔고자 하는 농부들의 의지일 수도 있죠.

아무튼, 이렇게 포도를 구매해서 만드는 내추럴 와인 생산자들도 많이 있어요. 브루탈 와인을 만들었던 「라 소르가」도 처음에는 포도를 구매해서 와인을 만들었고요.

그런가 하면, 본인 소유 밭에서 나오는 포도와 밖에서 사온 포도를 분리해 와인 생산 라인을 다르게 하는 사람들도 많이 있어요. 라벨에 돼지가 그려져 있는 '돼지 와인'으로 유명한 필립 잠봉Philippe Jambon과 '난쟁이 와인'으로 유명한 「옥타방l'Octavin」도 자기 밭에서 나온 포도와 구매해서 만든 포도로 만든 와인의 라인을 다르게 해서 출시하고 있어요. 이렇게 포도를 구매해서 와인을 만드는 생산자를 네고시앙 생산자라고 해요.

13

쥐라:
내추럴 와인과 함께 부상한
뱅존의 생산지

내추럴 와인계의 주목받는 생산지

프랑스는 예전부터 와인으로 유명했고, 특히 보르도와 부르고뉴가 대표적인 생산지로 꼽혀요. 와인 자체는 물론이고, 와인 병이나 잔 디자인조차 보르도 스타일, 부르고뉴 스타일로 나뉠 정도죠. 그런데 보르도와 부르고뉴에서 만든 내추럴 와인은 쉽게 보기 어려워요.

누군가에겐 불편하게 들릴 수도 있는 얘기지만, 이미 전 세계적으로 유명한 와인 산지이니 굳이 예쁘고 힙한 와인 라벨이 필요하진 않을 테고, 예전부터 내추럴 와인을 만들고 있었더라도 이제 와서 굳이 언급할 필요가 없겠죠. 그러지 않아도 살 사람이 줄을 서 있으니까요.

다수의 마니아와 애호가를 확보한 보르도와 부르고뉴의 유명 와이너리는 그저 컨벤셔널 와인으로 분류하기에는 너무나 내추럴 와인스럽게, 혹은 더 고집스러운 그들만의 장인 정신으로 와인을 만들고 있기도 해요.

그렇다면 내추럴 와인계의 보르도나 부르고뉴라 할 수 있는 지역은 어디 없을까요?

저는 내추럴 와인을 취급하는 레스토랑이나 바에서 이 지역의 와인이 많은 리스트를 보면 반갑더라고요. 바로 쥐라Jura입니다. 쥐라는 프랑스 동쪽의 부르고뉴와 스위스 사이에 있는 지역이에요.

낯선 지역이지만 쥐라라는 단어는 왠지 어디서 들어본 것 같죠. 스티븐 스필버그 감독의 SF 영화 「쥬라기 공원」,

혹은 지질학적으로 중생대의 두 번째 시기인 쥐라기^{Jurassic} ^{Period}를 연상했을 수도 있을 것 같아요. 쥐라기는 독일, 스위스, 프랑스 국경에 있는 쥐라 산맥$^{Massif\ du\ Jura}$에서 쥐라기의 지층이 최초로 발견된 데서 유래했는데, 쥐라가 바로 이 쥐라 산맥에 자리하고 있죠.

쥐라는 앞서 이미 언급한 유명한 인물과도 연관이 있습니다. 와인을 연구하다가 발효와 부패의 원인을 알아낸 생화학자이자, 세균학의 아버지로 불리는 위인 루이 파스퇴르의 고향이거든요.

'포도나무와 와인의 구원자'라 불리는 쥐라 출신의 인물이 한 명 더 있어요.

필록세라^{Phylloxera}라는 단어를 들어본 적 있나요? 필록세라는 포도 재배에 치명적인 타격을 주는 진딧물로, 포도나무 뿌리의 즙을 흡착하여 나무를 말라죽게 만들어요. 1800년대 후반, 유럽뿐 아니라 전 세계적으로 이 진딧물이 퍼져서 와인 산업의 기반을 흔들었었죠. 이때 프랑스는 와인 생산량이 75퍼센트까지 감소했어요.

원래 필록세라는 미국에만 있었던 진딧물로, 미국에서 재배되는 포도나무는 필록세라에 면역력을 갖고 있어 별 문제가 없었어요. 그런데 1800년대 중반, 미국에서 유럽으로 건너온 식물 중에 포도나무가 있었고, 이 나무들에 숨어 있던 필록세라가 유럽 포도나무에 재앙을 일으켰죠. 1863년, 영국과 프랑스 남부에서 감염 사례가 처음 보고되었고, 1880년에는 프랑스 중남부의 모든 포도밭이 초토화되었으며, 1890년에는 프랑스 전역이 필록세라로 고통받았다고 합니다.

이때 쥐라 출신의 알렉시스 밀라흐데Alexis Millardet가 프랑스의 포도 나무를 필록세라에 저항력이 있는 미국 뿌리목에 접붙이기하는 실험을 했고, 그 덕분에 유럽은 필록세라 공포로부터 해방될 수 있었어요.

뱅존: 쥐라의 특별한 산화 숙성 와인

쥐라가 내추럴 와인계에서 주목받는 생산지가 된 것은, 이곳에서 생산되는 특별한 와인인 '뱅존Vin Jaune' 덕분이에요. '노란 와인'이라는 뜻의 뱅존은 오직 쥐라에서만 만들 수 있어요. 왜냐하면 쥐라의 토착 포도 품종인 사바냥Savagnin으로만 만들어지거든요. 사바냥은 청포도 품종인데, 다른 청포도의 어머니나 아버지뻘 되는 고대 품종이죠.

뱅존은 이렇게 만들어집니다. 우선, 쥐라의 사바냥 포도를 충분히 발효시켜 당분이 남지 않은 아주 드라이한 화이트 와인을 만들어요. 그리고 이 와인을 오크통에 넣어서 잘 숙성해요. 무려 6년 3개월 넘게요.

오크 숙성을 오래 하다보면 점차 내용물이 줄고, 그 틈에 공기가 들어와 접촉면이 넓어지면서 와인이 산화돼요. 그래서 보통은 기존 오크통에서 줄어든 만큼 와인을 채워넣음으로써 산화 위험을 최소화해요.

하지만 뱅존은 줄어드는 와인을 신경 쓰지 않고 그대로

놔두는 게 핵심이에요. 와인에 산화가 이루어지면서 자연스럽게 플로르flor라는 미생물 시체들이 와인과 공기층 사이에 쌓여 막을 이루는데, 이 플로르가 오히려 과도한 산화를 막아 장기간 와인을 공기에 노출시킨 상태에서도 숙성이 가능하도록 해주거든요.

이 과정이 오랜 시간(6년 3개월 이상)에 걸쳐 일어나면 비로소 뱅존이 완성돼요. 생산자에 따라 다르지만 7년 넘게 산화 숙성을 하는 곳들도 있어요. 이렇게 잘 만들어진 뱅존은 100년 정도 보관이 가능하다고 하네요.

뱅존을 만드는 방법은 백신과 비슷한 원리라고 볼 수 있어요. 약해진 균을 인체에 주입하여 항체를 만들듯, 오랜 시간 천천히 산화가 진행돼 오히려 산화와 변화에 강한 와인이 되는 거니까요. 이렇게 산화 숙성으로 와인을 만드는 방법을 수 부알Sous Voile이라고 합니다.

독특한 방법으로 오랜 시간에 걸쳐 만들어진 뱅존은 기존 와인 병(750ml)보다 조금 작은, 클라브랭clavelin이라 불리는 620ml 병에 담겨요. 흔히 뱅존이 만들어지는 약 6년 동안 처음 만든 와인의 약 38퍼센트가 증발하는데, 이 와인의 증발량을 엔젤스 쉐어Angel's share라고 불러요. 6년간 천사의 몫으로 와인을 빼앗긴 뱅존은 62퍼센트만 남게 되고, 이를 620ml 클라브랭 병에 담는 거죠.

이렇게 천사와 함께 만든 뱅존은 어떤 특징이 있을까요? 일단 컬러는 아름다운 황금빛이에요. 이름처럼 노란 와인이죠. 사바냥 품종은 매우 좋은 산미와 드라이한 맛, 여기에 견과류의 풍미를 품어요. 또 향신료 같은 향을 내기도 하고, 잘 익은 풍미와 풋풋한 풍미가 공존하는 매우 특별한 맛과 향을 자랑하죠. 위스키, 꼬냑, 브랜디를 좋아한다면 반할 수밖에 없는 특별한 와인입니다.

쥐라 지역에서는 뱅존뿐만 아니라 레드 와인, 화이트 와인, 스파클링 와인, 디저트 와인도 만들고 있어요. 최근에는 오렌지 와인도 보이기 시작했고요.

한 가지 재미있는 점은 쥐라에서는 와인 시음 순서가 다르다는 거예요. 타 지역에서는 화이트 와인에서 레드 와인 순으로 하는데, 쥐라 지역의 와이너리에서는 레드 와인, 화이트 와인, 그리고 뱅존 순으로 시음해요. 쥐라의 화이트 와인은 다른 지역의 화이트 와인보다 강렬한 맛과 향 그리고 에너지가 있기 때문이라고 해요.

쥐라에는 뱅존 외에도 미식 명물이 하나 더 있는데, 바로 꽁떼Comte 치즈입니다. 꽁떼에는 프랑스에서 가장 인기 많은 치즈, 프랑스 인구의 80퍼센트 이상이 먹는 치즈라는 수식어가 붙어요. 품질을 갖춘 농수산품에 대한 원산지 인증 제도인 AOC 등급을 받은 치즈 중 가장 많은 소비량을 자랑하기도 해요.

꽁떼 치즈는 최소 4개월의 숙성 기간을 거치고, 길게는 18~24개월까지도 숙성합니다. 숙성 기간이 짧은 제품일수록 상대적으로 수분이 많아 질감이 부드럽고, 살짝 감도는 견과류 맛과 함께 온화한 버터, 캐러멜과 같은 맛을 느낄 수 있어요. 감칠맛도 매우 뛰어나 와인 안주로 제격이랍니다. 예전보다 쉽게 구할 수 있으니 여러분도 꼭 한번 경험해보세요!

14

추천받기:
와인 바와 숍에서
나에게 맞는 와인 찾기

최근에 와인을 추천해달라는 얘기를 정말 많이 들었어요. 와인은 선물하기에도 좋다보니 연말연시나 명절에 추천 요청이 더 많은 편이에요. 온갖 주류를 추천해봤지만, 그중에서 가장 어려운 건 역시 와인 같아요.

종류도 천차만별이고, 가격대도 다양하며, 음식과의 매칭이라는 여러 변수가 있기 때문이죠. 거기다 요즘엔 와인 병 라벨 디자인이라는 또 다른 변수까지 생겼고요. 이쯤 되면 마음에 쏙 드는 와인을 추천하는 것은 점쟁이 수준의 예지력, 현자 수준의 통찰력, 사이비 교주 수준의 말발이 필요한 일이에요.

점쟁이도, 현자도, 사이비 교주도 아닌 저는 평소 이렇게 와인을 추천합니다. 와인을 수없이 많이 추천해본 사람의 입장에서 나에게 맞는, 오늘 마실 상황에 맞는 와인을 더 잘 추천받는 법을 알려 드릴게요.

와인 바에서 주문할 때

음식과 와인이 함께 있는 와인 바에서는 기포의 유무, 색, 그리고 가격이 중요합니다.

아, 내추럴 와인 리스트가 따로 있는 없는 곳도 많다는 점부터 먼저 알려드릴게요. 당연히 제가 추천하는 와인이 리스트에 없는 경우도 있을 거고요. 그래서 와인 바나 숍에서는 특정 와인이 아닌, '나에게 가장 잘 맞는 와인'을 추천받는 법을 설명하는 게 더 좋을 것 같아요.

우선 보틀(병)이 아니라 글라스(잔) 와인을 마시고 싶은 경우, 언제 오픈한 건지 물어보세요. 와인은 위스키와 달리 오픈하면 맛과 향이 변하기에, 너무 오래전에 개봉한 와인이라면 원래의 맛과 향이 달라져 있을 수 있답니다.

자, 이제 본격적으로 와인을 한 병 주문해볼까요?

처음에는 기포 유무를 따져봐요. 기포가 있는 게 좋은가요, 아니면 없는 게 좋은가요? 기포가 있는 게 좋다고요? 그러면 섬세한 기포가 좋나요, 아니면 조금은 거친 기포가 좋나요? 내추럴 와인에서 펫낫은 조금 거칠지만 자연스럽고 터프한 기포가 있는 경우가 많아요. 반대로 카바와 크레망은 펫낫에 비해 섬세한 기포를 가지고 있죠. 카바와 크레망은 각각 스페인, 프랑스의 샹파뉴Champagne 외 지역에서 샴페인과 같은 제조법을 사용해 제조한 기포가 있는 와인을 말해요. 샴페인은 프랑스의 샹파뉴 지역에서 전통 제조법으로 만든 와인이거든요.

기포 없는 와인을 마시고 싶다면, 레드, 화이트, 오렌지, 로제 가운데 어떤 스타일을 원하나요? 오늘은 레드 와인이 당긴다고요? 내추럴 레드 와인 중에서 오크향과 탄닌감이 컨벤셔널 와인만큼 강한 경우는 많이 못 본 거 같아요. 대신 산도가 높은 게 좋은지 낮은 게 좋은지, 쿰쿰한 게 좋은지 쿰쿰하지 않은 게 좋은지 이야기해주시면 좋아요. 또 풍성한 느낌의 와인이 좋은지, 여리여리한 와인이 좋은지 알려주시면 더 잘 추천받을 수 있을 거예요.

화이트 와인은 이왕이면 오렌지 와인이랑 묶어서 추천해달라고 말해보세요. 스킨 컨택트를 오래 하지 않은 가벼운 오렌지 와인도 있거든요. 단, 화이트 와인과 오렌지 와인은 대체적으로 레드 와인보다 산미가 높으니, 그 점을 감안해서 원하는 산미까지 이야기하는 게 좋아요. 과실미는 청사과나 시트러스 쪽이 좋은지, 열대과실 쪽이 좋은지 알려주면 조금 더 취향에 맞는 와인을 추천받을 수 있어요.

오렌지 와인은 로제 와인이랑 묶어서 추천해 달라고 해보세요. 요즘은 로제 와인 가운데 화이트 와인 품종과 레드 와인 품종을 섞어 만든 재미있는 와인들도 나오고, 만든 방법은 오렌지 와인인데 색은 로제처럼 보이는 와인도 있거든요. 오렌지 와인을 만들 때 침용을 오래 하면 탄닌감이 강해지고, 마치 버섯 같은 얼씨earthy한 느낌이 날 때가 있는데, 그럴 경우 와인의 힘이 강하게 느껴져요. 쿰쿰하고 힘이 좋은 와인이 좋은지 아니면 예쁘고 산뜻한 와인이 좋은지 설명하는 것도 좋은 방법입니다.

모험을 해보고 싶은지, 안정적이고 편안하게 즐기고 싶은지 그날그날의 기분을 이야기하는 것도 좋아요. 아마 추천해주는 분도 신나서 재미있는 와인 이야기를 들려줄 거예요. 사실 개인적으로는 여러 음식과 매칭할 때 드라이하고 산미가 좋은, 그래서 마치 만능열쇠 같은 로제 와인을 추천할 때가 많아요.

정리하자면, 와인 바에 갔을 때 먼저 기포 유무에 따라 종류를 선택하고 그 뒤에 과실향과 드라이한 정도 등을 말씀하면 직원이 잘 도와줄 거예요. 물론 어떤 와인을 선호하든, 생각하고 있는 가격대를 알려주는 것도 쉽고 빠른 방법이란 걸 잊지 마세요!

와인 숍에서 구입할 때

저는 와인 숍에서 추천할 때, 손님들에게 가장 먼저 선물하는 와인인지 아닌지를 물어요.

만약 선물용이라고 하면 받으시는 분의 성별, 연령대, 예산을 여쭤봐요. 선물하는 분도 받는 분의 와인 취향을 잘 모르는 경우가 많고, 받는 분이 이 와인을 어떤 음식이랑 드실지 모를 확률이 더 높다 보니 최대한 성별과 연령대 그리고 예산에 맞춰서 라벨이 예쁘고 너무 개성이 튀지 않는 와인을 추천하는 편이에요.

만약 선물하는 와인이 아니라 본인이 마시는 와인이라고 하면, 총 몇 명이 마시냐고 물어봐요. 연인이나 가족과 소규모로 드신다면 앞서 설명했던 와인 바의 방식대로 대화를 통해 추천하고, 여러 명이 함께 하는 모임이라면, 특히 와인 전문가 모임이 아니라면, 솔직히 비싸지 않은 와인을 우선적으로 추천하죠.

매그넘 사이즈(1.5리터)가 아닌 1리터짜리 넉넉한 용량의 무난한 와인으로 우선 권해요. 여러 명이서 한 잔씩만 마셔도 와인 한 병은 순식간에 사라지니까, 개성적인 맛보다는 누구나 거부감 없이 마실 수 있는 와인으로 추천하는 거죠. 개성이 강한 레드 와인이나 오렌지 와인보다는 기분 좋게 시작할 수 있는 기포 있는 와인, 소맥 마시기 전에 입가심하기 좋은 화이트 와인을 추천하는 편이에요.

15

추천 와인 리스트:
이 생산자를 찾아보세요

코스타딜라의 와인

경험들 5 - 그래서 저는 내추럴 와인이 재미있습니다

추천받는 법을 알려 드렸으니, 이제 상황별로 제가 추천하는 와인들을 알려드릴게요. 특정 와이너리, 즉 특정 수입사가 다루는 와인들이 언급될 텐데, 수입사 정책상 와인 바나 레스토랑에서만 만날 수 있거나 수량이 너무 적어서 만나기 힘든 와인은 최대한 제외했어요. 내추럴 와인 수입사와 내추럴 와인 애호가분들의 양해를 구합니다.

모임 분위기를 띄우고 싶을 때

분위기를 띄워야 하는 자리에는 샴페인이 어울린다고 생각하는 분들이 많아요. 샴페인은 프랑스 샹파뉴 지역에서 만든 술을 가리키는 말로, 전통 방식으로 탄산을 갖도록 만든 와인을 의미해요.

하지만 많은 사람들이 기포가 있는 와인을 통틀어 샴페인이라 부르고, 기포가 있는 와인은 코르크 마개와 이것을 감싸고 있는 은박지, 철사로 닫혀 있다고 생각해요. 물론 대부분의 기포 있는 와인들이 실제로 그런 모습이지만, 우린 꼭 그렇지 않은 와인도 이미 알고 있죠? 펫낫이요!

분위기를 띄워주는 와인으로는 펫낫이 제격이에요. 저는 「코스타딜라Costadila」의 펫낫을 가장 추천해요. 투명한 병에 담긴 와인은 예쁜 황금빛이에요. 지문 모양을 한 감각적인 라벨은 힙한 느낌을 더하죠. 기포가 있는 와인이지만 사람들에게 생소한 크라운캡 뚜껑까지 있으니 핵인싸 와인으로 필요충분조건을 갖췄다 할까요.

마르토의 바이스

경험들 5 - 그래서 저는 내추럴 와인이 재미있습니다

코스타딜라의 와인에는 Costadila 280, Costadila 330, Costadila 450처럼 숫자가 쓰여 있는데, 이는 포도 생산지의 해발 고도를 의미해요. 어떤 숫자가 붙은 코스타딜라 펫낫이든 상관없어요. 코스타딜라는 어떤 것이든 믿고 마실 수 있거든요.

내추럴 와인 경험이 적은 사람에게 선물할 때

내추럴 와인 경험이 적은 사람에게 와인을 선물할 때는, 취미 활동을 같이 한다는 생각으로 접근하면 돼요. 등산 취미가 없는 친구와 첫 등산을 간다고 가정해볼게요. 첫 등산인데 너무 무리할 필요는 없겠죠. 누구나 무리 없이 오를 수 있고, 오르면 기분 전환이 되고, 성취감도 맛볼 수 있는 그런 산행 같은 와인을 몇 가지 추천해요.

첫 번째는 「마르토Marto」의 와인이에요. 라벨에 돌멩이가 그려져 있어 '돌멩이 와인'이라고도 불리죠. 마르토 와인은 독일 최대 와인 생산지인 라인헤센Rheinhessen에서 마틴 오토 뵈르너Martin Otto Wörner라는 젊은 메이커가 만들어요. 유명 와이너리인 「구트 오가우Gut Oggau」와 「마타싸Matassa」에서 일했던, 열정 넘치는 실력파 청년이죠.

그중에서 딱 하나만 고르자면 '바이스Weiss'를 택할 거예요. 독일어로 White라는 뜻의 바이스(Weiss)는 총 7가지 품종을 필드 블렌딩, 즉 같은 밭에서 다양한 품종을 함께 재배해 만든 와인이에요. 바이스 외에 마르토의 다른 와인들도 모두 맛있으니 시도해보세요!

두 번째로는「갱글링거」와인을 추천해요. 앞서 언급한 적 있는, 라벨에 코가 긴 귀여운 캐리커처가 그려진 프랑스 알자스 지역의 와인이에요. 코가 긴 남자는 갱글링거의 현재 오너이자 와인 메이커인 장 갱글링거입니다. 와인을 만드는 일을 너무 딱딱하거나 진지하게 생각하지 않는 메이커의 철학을 표현하는 라벨이에요.

포도 품종마다 각각 개성을 잘 보여주는 갱글링거도 실패 확률이 낮지만, 그럼에도 하나 골라야 한다면 화이트 와인 중에서 하나 고르겠어요. 갱글링거의 화이트 와인을 마시면 그가 만든 다른 품종의 화이트 와인을 또 마시고 싶다는 마음이 절로 들거든요.

컨벤셔널 와인이 익숙한 사람에게 선물할 때

평소에 컨벤셔널 와인을 자주 즐기는 사람도 내추럴 와인은 어려워하는 경우를 많이 봤어요. 충분히 이해해요. 저도 가끔은 내추럴 와인이 어려울 때가 있으니까요.

컨벤셔널 와인보다 내추럴 와인을 어려워하는 분들에게는 크레망을 추천합니다. 프랑스 알자스, 특히 쥐라 지역에서 난 크레망을 마시면 내추럴 와인이 조금은 더 편하고 친숙하게 느껴질 거예요.

조금 가격대가 있지만「카트린 히스Catherine Riss」,「필립 파칼레」,「프레드릭 코사르Frederic Cossard」모두 추천하는 와인 메이커입니다.

가성비 좋은 와인을 찾을 때

내추럴 와인은 생산량이 많지 않다 보니 가격대가 높죠? 가성비가 좋아서 쟁여둘 만한 와인을 알려드릴게요. 몇 병씩 사재기하기에 적합하다는 뜻이 아니라, 상대적으로 괜찮은 가격대여서 여유 있을 때 미리 구매해두면 좋은 와인이라는 의미예요. 개인적인 취향이 많이 반영되었어요.

첫 번째는 「르 마젤Le Mazel」의 퀴베 하울Cuvée Raoul이에요. 프랑스 중남부에 위치한 아르데슈에서 와인계의 선생님 혹은 아버지 같은 유명 생산자의 와인인데, 가격은 유명세에 비해 착하고 고마워요. 저도 평소에 개인적으로 한두 병씩은 꼭 챙겨두는 와인이죠.

두 번째는 「카제Casè」 와인이에요. 이탈리아도 와인에 진심이라는 사실, 아시나요? 카제는 이탈리아 북부 에밀리아 로마냐Emilia-Romagna의 트레비아 계곡Trebbia Valley에 위치한 와이너리예요.

이곳의 와인 메이커 알베르토 안귀솔라Alberto Angulssola는 포도를 키울 때 화학 비료와 살충제를 일절 쓰지 않고, 양조 시 자연 효모를 사용한다는 원칙을 지키고 있어요. 산업화 이전, 이 지역에서 만들던 옛 스타일의 레드 와인부터 누구나 좋아할 오렌지 와인까지 만드는, 나만 알고 싶은 와이너리입니다.

르 마젤 와인들. 왼쪽에서 두 번째 노란 라벨이 퀴베 하울.

경험들 5 - 그래서 저는 내추럴 와인이 재미있습니다

세 번째는 프랑스 와이너리 「도멘 리취Domain Rietch」의 와인이에요. 리취는 프랑스 북동부 알자스 지역의 미텔베르하임에서 17세기부터 3대째 와인업에 종사해 온 와인 가문이에요.

　모임에서도 파티에서도 든든한 도멘 리취의 와인 두 가지를 추천해요. 레드 와인인 '뚜 루즈Tout Rouge'와 화이트 와인인 '뚜 블랑Tout Blanc'이에요. 두 와인 모두 균형감이 뛰어나고, 1리터의 넉넉한 용량으로 보고만 있어도 마음이 든든해지죠. 워낙 마시기에 편해 한두 병은 뚝딱 마시는 만큼, 평소에 쟁여두면 좋아요.

와이너리 이름으로
찾아보기

*: 생산자 이름이자 와이너리의 이름

경험들 05

그래서 저는 내추럴 와인이 재미있습니다

장경진 지음

초판 1쇄 발행 2024년 1월 2일

발행, 편집 파이퍼 프레스
디자인 위앤드

파이퍼
서울시 중구 청계천로 40, 13층
전화 070-7500-6563
이메일 team@piper.so

논픽션 플랫폼 파이퍼
piper.so

ISBN 979-11-979918-6-8 04080

이 책의 출판권은 파이퍼에 있습니다.
이 책 내용의 전부 또는 일부를 재사용하거나 번역, 출판하려면
반드시 파이퍼의 서면 동의를 받아야 합니다.